NOTICE

SUR LE SANCTUAIRE DE

BONNE-NOUVELLE

A RENNES

PAR

PAUL PHILOUZE

Ancien Magistrat

Précédée d'une Conférence de M. A. DE LA BORDERIE, membre de l'Institut

SUR SAINT AUBIN

RENNES

IMPRIMERIE MARIE SIMON

rue Leperdit, 2 bis.

1896

7
K
30787

A. Le Roy, Fr. Simon Succr, Rennes.

ÉGLISE DE NOTRE-DAME DE BONNE-NOUVELLE
EN CONSTRUCTION

NOTICE

Sur le sanctuaire de

BONNE-NOUVELLE

À RENNES

Imprimatur.

Rennes, le 19 mars 1896.

F. DURUSSELLE,

Vic. gén.

NOTICE

SUR LE SANCTUAIRE DE

BONNE - NOUVELLE

A RENNES

PAR

PAUL PHILOUZE

Ancien Magistrat

Précédée d'une Conférence de M. A. DE LA BORDERIE, membre de l'Institut

SUR SAINT AUBIN

RENNES

IMPRIMERIE MARIE SIMON.

rue Leperdit, 2 bis.

1896

CONFÉRENCE

SUR SAINT AUBIN

SAINT AUBIN

Conférence faite par M. Arthur de la Borderie

Le 3 Février 1896

AU PROFIT DE L'ŒUVRE

DE

N.-D. DE BONNE-NOUVELLE

DE RENNES

Mesdames, Messieurs,

Quand on passe à Rennes sur la place Sainte-Anne, illustrée par les prédications de saint Vincent Ferrier et les pieux exercices du P. Montfort; quand on suit la rue d'Antrain ou la rue Haute, et qu'on aperçoit s'élançant par-dessus les faîtes des maisons, dominant de haut tout le quartier, cette vaste et élégante construction aux toitures élancées, aux arcades légères, aux riches et précieuses rosaces, — mais hélas! encore béante, déclose, inachevée, — on se demande naturellement quelle cause a fait jaillir du sol ce grand édifice, quelle idée, quelle nécessité religieuse en a déterminé l'entreprise, quels motifs doivent porter, pousser la ville de Rennes et ses habitants à tout faire pour mener à bien le plus tôt possible cette œuvre pieuse, tout à la fois chrétienne et essentiellement patriotique?

C'est à ces questions, Mesdames et Messieurs, que je voudrais essayer de répondre; je voudrais essayer de vous présenter, de vous rappeler tous les motifs d'intérêt chrétien, breton et rennais, qui sollicitent tout votre zèle, tout votre concours, j'ose dire, le concours et le zèle de tous les chrétiens, en particulier de tous les Rennais, en faveur de ce monument.

Il est destiné, nul ne l'ignore, à remplacer la petite et modeste église de Saint-Aubin, humblement cachée dans un coin de la place Sainte-Anne, et qui actuellement est le centre de deux institutions, de deux manifestations du culte et du sentiment chrétien, dont une seule serait déjà bien à l'étroit dans ses vieilles murailles.

Depuis des siècles, en effet, cette vénérable église est une des paroisses — une des plus antiques paroisses — de la ville de Rennes, et ce qu'il ne faut pas omettre, ce qu'il faut au contraire noter, relever avec soin, c'est la seule paroisse de Rennes qui ait pour patron un de nos vieux saints de Bretagne — et non l'un des moindres, nous le verrons tout à l'heure — circonstance qui ne saurait être indifférente à notre ville, si essentiellement bretonne d'esprit et de cœur.

En outre, cette église est devenue le refuge du sanctuaire traditionnel, *national,* on peut le dire, de la piété rennaise envers la Très Sainte Vierge; sanctuaire renfermé jadis dans le couvent des Dominicains dont les ruines touchent Saint-Aubin, mais qui ayant été chassé de là par les destructions révolutionnaires, n'a jusqu'ici trouvé d'asile que dans cette église.

Ce sanctuaire, c'est celui que nos pères ont vénéré et que nous vénérons encore sous le nom de *Notre-Dame de Bonne-Nouvelle*. Depuis plus de cinq siècles, c'est la grande dévotion populaire, urbaine, municipale de la ville de Rennes, le grand pèlerinage de tout le diocèse à la gloire de la Sainte Vierge. Mon but principal, Mesdames, Messieurs, c'est de vous en exposer l'histoire, de vous en dire les origines, les prérogatives et les splendeurs.

Mais ne pensez-vous pas comme moi qu'il y aurait ingratitude à oublier, à omettre complètement, en cette occurrence, la modeste église qui a recueilli avec tant de soin et tant de zèle le grand et lourd héritage du sanctuaire de Bonne-Nouvelle, qui l'a entouré de tant d'honneur, je veux dire la paroisse Saint-Aubin et son vieux et vénérable patron. Dans les cieux la Sainte Vierge sans aucun doute lui sourit, à ce bon patron, le remercie de l'abri qu'il donne à sa sainte image, de l'autel qu'il lui a consacré, et elle serait certainement choquée, la Vierge de Bonne-Nouvelle, si nous laissions totalement de côté le grand, le pieux, le charitable évêque dont elle accepte l'hospitalité.

Vous voudrez donc bien me permettre de commencer par vous dire quelques mots sur saint Aubin — d'autant plus que, peut-être suis-je dans l'erreur, mais je m'imagine que plus d'un ici, même parmi les paroissiens de son église, ne le connaît pas beaucoup — et cependant vous allez le voir, vous allez, je l'espère, en convenir bientôt, c'est une très bonne connaissance à faire.

I

Et d'abord, — cela je n'ai pas besoin de vous le dire, — saint Aubin est un grand saint; tous les saints sont grands par leurs vertus, leurs mérites, tous les saints sont grands dans le ciel; s'ils n'étaient pas grands, ils ne seraient pas saints.

Mais saint Aubin est de plus un saint très grand, très illustre sur la terre, dont la renommée et le culte sont depuis des siècles, et de nos jours encore, répandus dans toute la France, particulièrement dans le Nord et dans le Centre. De l'Océan à la frontière de l'Est il n'y a pas de département où on ne trouve bon nombre d'églises ou de chapelles dédiées à saint Aubin. Il y a en France plus de cent paroisses qui portent son nom, plusieurs jusque dans le Midi, dans la Gironde, la Dordogne, le Gers.

Il est donc très illustre sur la terre. D'où vient cette illustration? car tout a une cause. Nous la trouverons sans doute dans l'histoire de saint Aubin.

Il naquit dans le pays de Vannes; il était de race gallo-romaine ou plutôt gallo-armoricaine, comme l'indique son nom latin *Albinus*, traduit par Aubin en français, et qui est un diminutif d'*Albus* (blanc); en sorte que les noms latins *Albus*, *Albinus* seraient exactement rendus en français par *Blanc* et *Blanchet*. Le lieu précis de sa naissance n'est pas connu, mais on est mieux fixé sur l'année. Cette année est bien loin de nous, elle est passée depuis plus de quatorze siècles. Saint Aubin naquit vers l'an 470. A cette époque Vannes avait un évêque, mais depuis peu de temps; les chrétiens étaient encore rares en ce pays, les institutions religieuses peu développées, et les parents du jeune Albinus (Aubin), jaloux de lui assurer le bienfait d'une éducation fortement chrétienne et d'une bonne instruction littéraire, l'envoyèrent fort jeune dans un célèbre monastère du diocèse d'Angers, situé à quelque distance de cette ville, et qu'on appelait le monastère de **Tincillac**.

Outre l'instruction sacrée et profane qu'il puisa dans cette maison, Aubin y prit le goût de la vie religieuse et s'y fit moine. Ses vertus monastiques — que je suis indigne de célébrer — l'en firent nommer le chef, c'est-à-dire l'abbé, à l'âge de trente-cinq ans ; il gouverna pendant vingt-cinq ans sa communauté avec un plein succès et dans une telle paix et une telle humilité qu'on n'a gardé le souvenir d'aucun épisode de sa vie pendant cette longue période. Mais le renom de ses vertus était si répandu à Angers que l'évêque de cette ville étant mort, le peuple et le clergé élurent pour le remplacer Aubin, l'arrachèrent malgré lui à sa solitude et l'installèrent, par une élection unanime, sur le siège épiscopal (vers l'an 529-530).

A cette époque, le choix des évêques n'était pas aux mains des francs-maçons; c'était le clergé et le peuple catholique qui les choisissaient; aussi malgré les difficultés du temps qui, comme nous allons le voir, étaient très grandes, presque tous les pasteurs se montraient à la hauteur de leur tâche, beaucoup même firent preuve d'un grand talent, d'un grand courage, d'un grand caractère.

II

Lors de l'épiscopat de saint Aubin (529-550), le pays qui est aujourd'hui la France — qui alors s'appelait la Gaule — vivait sous la domination des rois franks de la dynastie mérovingienne; elle était partagée entre les quatre fils de Clovis; Angers se trouvait dans la part du roi de Paris, nommé Childebert.

Ces Franks, entrés en Gaule sur la fin du ve siècle et qui, par suite de leur conversion au catholicisme, s'en étaient rendus maîtres sous Clovis, — ces Franks étaient encore, il faut le dire, de purs barbares germains, teutons, ou si vous voulez, allemands. Eh bien, les Allemands, hélas! nous les connaissons, nous les avons vus à l'œuvre il y a quelque vingt ans; et remarquez, ceux que nous avons vus à l'œuvre se disaient civilisés; jugez un peu, quand ils n'étaient pas civilisés, ce qu'ils pouvaient être : la pure, la plus grossière barbarie!

Les Franks, au vi⁰ siècle, au temps de saint Aubin, tout récemment sortis de leurs tanières germaniques, étaient presque aussi barbares que les Allemands d'alors. Depuis ce temps, au contact des Gaulois et des Gallo-Romains qui forment la plus grande part de la population actuelle de la France, et surtout sous l'action du christianisme, les Franks se sont peu à peu débarbouillés, c'est-à-dire dégermanisés; ils se sont fondus, mêlés avec la généreuse race celtique et sont devenus, par ce mélange, des Français.

Mais au vi⁰ siècle, ce mélange était loin d'être accompli. Chez les Franks commençaient à percer de temps à autre quelques bons instincts; mais le plus souvent, même chez leurs rois, la barbarie l'emportait encore.

Une des passions les plus vives, les plus impérieuses de ces princes, était la passion de thésauriser. Pour remplir leurs coffres, ils ne regardaient guère aux moyens. En voici un, entre autres, qu'ils employaient fréquemment.

Il y avait encore en Gaule, au vi⁰ siècle, des familles gallo-romaines possédant des biens considérables, chez lesquelles se rencontraient des jeunes filles élevées dans toutes les élégances de la civilisation ancienne, dans toutes les générosités morales du christianisme, douées de la grâce patricienne des vieilles races, et de plus fort riches héritières, — ce qui faisait leur malheur.

En effet, quand une jeune et belle héritière de ce genre fleurissait quelque part dans une province, toujours, ou presque toujours, à peu de distance se trouvait un jeune seigneur frank qui ambitionnait sa main, c'est-à-dire sa richesse et sa beauté, et qui venait les lui demander. Presque toujours aussi il était repoussé avec perte : outre l'incompatibilité naturelle entre les violents instincts de la barbarie et les délicatesses morales d'une éducation chrétienne et civilisée, ces jeunes barbares, malgré leurs torses superbes, n'étaient pas toujours fort appétissants : un auteur du temps les peint graissant leur chevelure d'un beurre rance, — c'était leur cosmétique favori — s'empiffrant de chair, d'ail et d'oignon, et exhalant par suite des parfums... qui n'étaient pas pour séduire les héritières.

Mais le prétendant évincé ne se tenait pas pour battu. Il allait trouver le roi, lui demandait la main de la jeune fille qu'il convoitait, promettant au prince, s'il l'obtenait, de verser au trésor une forte somme. Le roi envoyait alors à l'héritière l'ordre d'épouser son protégé; si elle résistait, pour la réduire à capituler, elle et sa famille se voyaient, par ordre du roi, soumis à diverses vexations, dont la moindre était d'être constitués prisonniers dans leur propre domicile, sous la garde d'une troupe de soldats royaux qui vivaient là à bouche que veux-tu, comme en pays conquis.

III

Un fait de ce genre se passa au diocèse d'Angers sous l'épiscopat de saint Aubin. Une jeune fille dont le nom décèle l'origine gallo-romaine et semble même révéler la pureté de son cœur et l'élévation de son âme (elle s'appelait *Ætheria*, c'est-à-dire, en français *Éthérée*), Ætheria donc ayant repoussé la demande d'un favori du roi Childebert, refusé ensuite d'obéir à l'ordre du roi lui imposant ce mariage, le roi envoya une troupe d'estafiers qui la retint prisonnière dans son propre domaine, dans sa villa de *Dullacum*, voisine d'Angers ; et pour comble d'ennuis, cette troupe avait pour chef celui-là même qui l'avait fatiguée de ses poursuites. Jugez des transes, des angoisses de la pauvre Ætheria, livrée ainsi sans défense aux griffes de son persécuteur. Nul secours à espérer du dehors, car elle était orpheline. Mais puisque dans chaque église, dans chaque diocèse, les chrétiens forment une famille, un troupeau sous la garde d'un pasteur, ce pasteur n'est-il pas, par sa charge, le père des orphelins, le défenseur naturel des opprimés? Ætheria, ferme chrétienne, le pensait ainsi. Elle trouva moyen de faire connaître sa triste situation à saint Aubin et l'appela à son secours.

L'évêque n'hésita pas un instant : il n'était pas de ceux qui hésitent en face du devoir, si difficile qu'il puisse être à accomplir, surtout quand il s'agissait, comme ici, de défendre la faiblesse opprimée par l'injustice. Il se rendit aussitôt à la villa de Dullacum; mais s'il y était allé avec ses clercs, avec une suite quelconque, il eût été reconnu et soigneusement laissé à la porte. Il alla donc seul à tout hasard, et dans un costume qui ne pouvait le trahir. Il put pénétrer dans la villa et jusqu'auprès d'Ætheria, qui le reconnut aussitôt; lui d'ailleurs, une fois entré dans la place, bien loin de se cacher il se nomma, proclamant nettement sa volonté d'arracher à ses geôliers la victime de cette odieuse machination.

Alors l'auteur de cette trame, le prétendant évincé, menacé de voir échapper sa proie et de perdre tout le fruit de ses intrigues, accourt. A sa vue, Ætheria épouvantée s'attache, se cramponne à la robe de l'évêque. Elle avait lieu de se croire ainsi à l'abri de toute violence. Car à cette époque, tout comme les églises et les lieux saints, la personne des évêques était un asile, une protection contre la force brutale : sous peine de sacrilège, il était interdit de se porter à des voies de fait sur ceux qui cherchaient un refuge près de cette personne sacrée.

Mais le poursuivant d'Ætheria, rouge de fureur, ne s'arrête point devant cet obstacle ; saisissant brutalement la jeune fille, il s'efforce de la détacher de la robe de l'évêque. Celui-ci cherchant à la retenir, l'agresseur fou de colère, ne connaissant plus rien, frappe l'évêque... Sous cet outrage, saint Aubin reste calme et, faisant un pas vers l'insolent, il se borne, pour toute vengeance, à lui envoyer en pleine figure son souffle épiscopal.

Sous ce souffle vengeur, le misérable tombe foudroyé; terrassé, anéanti. On le relève, on lui prodigue mille soins, mais en vain; au bout de quelques heures, c'est fait : il était mort[1].

Après un tel coup on pense bien que la troupe royale chargée de garder Ætheria renonça à se mêler de ses affaires et la laissa parfaitement tranquille. Mais tout n'était pas réglé, car l'ordre royal était violé; le roi vraisemblablement prendrait la chose de travers et pourrait recommencer sous une autre forme la persécution. Mais en ces sortes d'affaires (je l'ai dit) les rois mérovingiens ne voyaient guère au fond que l'intérêt de leur trésor : l'évêque s'étant engagé à y verser la somme que le prétendant d'Ætheria avait promise pour obtenir du roi la main de la jeune fille, celle-ci put désormais vivre en toute sécurité et toute liberté.

Si cette histoire était de nos jours mise en fait-divers, toute une bande de journalistes,

---

1. « Tunc illo (Albino) insufflante in ejus faciem, temerator sacerdotis, celeri morte mulctatus est. Hinc terrore urgente, reliqui reverentiam habuerunt pontificis. » (*Vit. S. Albini* auctore Fortunato, cap. XII.)

j'en suis sûr, ne manqueraient pas de dire :
— Dans la conduite de l'évêque, rien d'admirable ; il voulait tout simplement faire entrer Ætheria au couvent. — Eh bien, ces messieurs se tromperaient ; saint Aubin n'avait d'autre but en cette circonstance que de défendre, au profit de toutes ses ouailles, la sainteté, la liberté du mariage chrétien. Aussi laissa-t-il la pauvre Ætheria parfaitement libre de suivre le penchant de son cœur, et elle ne se fit faute, je pense, d'en profiter.

IV

Pourtant cette affaire eut une suite. Childebert, le roi de Paris, était assez mécontent de ce qui s'était passé ; son ordre formel, le *præceptum* de l'autorité royale avait été méprisé, c'était d'un mauvais exemple, cela pouvait faire tort ultérieurement aux négociations de ce genre, aux profits que le trésor en voulait retirer. Le roi n'avait garde d'entrer en lutte avec un évêque dont le renom était si grand — et le souffle si puissant. Il tenait toutefois à lui adresser quelque réprimande. Il le manda à Paris.

Saint Aubin, quoique souffrant, s'y rendit et fit demander une audience au prince pour le lendemain. Chose étrange ! Childebert, sur le point de se trouver en face de l'évêque, se sentit embarrassé et voulut ajourner l'entrevue. Il fit dire à l'évêque que le lendemain il allait à la chasse et le priait d'attendre son retour. L'évêque répondit qu'il était malade, pressé de retourner dans son diocèse où il avait de graves affaires à régler : qu'il suppliait le roi de vouloir bien l'expédier le plus tôt possible. Le roi alors considérant l'état de santé du pontife, se décida à aller le trouver de suite et se fit amener son cheval. Saint Aubin logeait dans quelque maison religieuse des environs de Paris, la route était assez longue. Le roi poussa d'abord son cheval sur la route qui menait directement au logis de l'évêque d'Angers. Puis songeant à l'entretien qu'il allait chercher, il ressentit d'avance l'embarras où il se trouverait, non pas seulement pour blâmer la conduite de l'évêque, mais surtout pour justifier la sienne, à lui roi, en cette odieuse affaire. Il revient donc à l'idée d'esquiver l'entrevue, il fait demi-tour à gauche pour rentrer à son palais; mais dans cette direction son cheval, malgré toutes les excitations de la voix, du fouet et de l'éperon, refuse d'avancer et ne bouge non plus qu'un terme :

— Stupide animal! dit le roi, donnez-m'en un autre.

Il saute sur un autre cheval qui s'élance allègrement dans la route du logis de saint Aubin; mais le roi de nouveau tourne bride vers le palais. Le quadrupède aussitôt s'immobilise et semble (dit la Vie du saint) métamorphosé en cheval de bronze. Childebert comprend alors qu'il lui faut, coûte que coûte, subir cet entretien, et son coursier remis dans la bonne voie se rend en un temps de galop à la porte de l'évêque. Que se passa-t-il dans leur entrevue? Les historiens trop discrets ne nous l'ont point dit, mais on peut être sûr que le plus gêné des deux interlocuteurs ne fut pas saint Aubin.

V

Rentré dans sa ville épiscopale, il y continua ce rôle magnifique de défenseur du droit, de la justice et de protecteur des faibles.

Un jour, passant près de la principale porte de la ville d'Angers, il entend sortir d'une tour très voisine des cris, des gémissements lamentables, qui implorent sa pitié et son intervention. Cette tour était pleine de malheureux condamnés à mort. En ce temps les lois étaient dures, les juges souvent plus durs qu'elles; on comptait pour peu de chose la vie des hommes, et l'on prodiguait la peine capitale pour des fautes relativement légères, surtout en matière de vol. Les efforts constants de l'Église et de la législation ecclésiastique tendaient au contraire à inculquer le respect de la vie humaine, à atténuer les peines disproportionnées et à adoucir les mœurs.

Saint Aubin, touché des plaintes de ces malheureux, alla trouver le juge, c'est-à-dire le comte d'Angers, et le supplia, non de mettre ces malheureux en liberté, mais de lui donner l'assurance qu'ils ne subiraient pas la peine de mort. Le comte refuse. L'évêque alors va se mettre à genoux devant la tour et, levant les mains au ciel, implore du Juge suprême la pitié qu'il n'avait pu obtenir du juge terrestre. Pendant qu'il prie, un énorme bloc de pierre carré, formant le linteau de la porte, se détache du mur et tombe avec fracas, enfonçant la porte elle-même. Aussitôt les pauvres condamnés, se sauvant par là à toutes jambes, courent se réfugier dans la basilique de Saint-Maurille, d'où l'évêque ne les laissa sortir que quand il eut pour leur vie une garantie sérieuse. Aussi ces malheureux (nous dit l'hagiographe) baisaient la trace de ses pas comme celle de leur sauveur.

VI

Ce n'était pas seulement vis-à-vis des princes et des magistrats civils que saint Aubin défendait intrépidement la cause des faibles, la cause de l'humanité et celle de la justice. Au besoin, il n'était pas moins ferme champion du droit vis-à-vis de ses collègues de l'épiscopat, quand il croyait les voir incliner à des faiblesses ou des complaisances répréhensibles; son biographe en rapporte un grand exemple.

La barbarie germanique, dont les Franks étaient encore très imparfaitement débarrassés, se manifestait avec une licence particulière dans les questions relatives au mariage. Nous avons vu plus haut, par l'histoire d'Ætheria, à quelles violences ils pouvaient se porter en cette matière. Sur un autre point également très important — l'interdiction des unions entre proches parents et alliés — ils respectaient aussi fort peu les lois de l'Église. On sait combien ce point est important pour assurer la pureté, la vigueur des races, et aussi pour empêcher dans les familles le désordre des mœurs. L'Église était d'autant plus sévère sur ce point, au vi[e] siècle, que la barbarie germanique se jouait, en quelque sorte, de ces prohibitions.

Saint Aubin, profondément convaincu de

l'importance et de la nécessité de cette discipline, s'employa fort activement à la maintenir. Son biographe rapporte qu'il travaillait activement à défendre cette cause dans les conciles de la Gaule. En effet, dans le 3e concile d'Orléans, entre autres (tenu en 538) et auquel il assista, les prohibitions contre les « noces incestueuses » sont renouvelées, confirmées et développées avec un soin, une vigueur particulière. Ces prohibitions s'étendaient loin, elles interdisaient les unions entre beau-fils et belle-mère, beau-père et belle-fille, beau-frère et belle-sœur, entre le neveu et la veuve d'un oncle, entre cousins germains et cousins issus de germains. Dans son diocèse, saint Aubin maintenait rigoureusement ces prescriptions et frappait impitoyablement des censures ecclésiastiques, sans acception de personnes, quiconque les enfreignait.

Une fois, entre autres, il avait excommunié pour ce motif un très gros seigneur du pays angevin, dont les historiens par trop discrets ne nous ont pas dit le nom. Cet important personnage alla se plaindre aux évêques du voisinage et fit si bien par ses menées, par son crédit, qu'il obtint un nouvel examen de la cause dans l'assemblée des évêques de la province de Tours. Le vi⁰ siècle était déjà avancé, les Franks envahissaient peu à peu les sièges épiscopaux et, sur ce point surtout, la discipline commençait à fléchir. Dans l'assemblée des évêques comprovinciaux, malgré la résistance de saint Aubin, l'excommunication portée par lui contre ce gros personnage fut levée. Et les prélats, jaloux de s'attirer la faveur de celui qu'ils réhabilitaient, poussèrent la faiblesse, la coupable complaisance jusqu'à vouloir lui envoyer ce qu'on appelait à cette époque des *eulogies*. C'était de menus objets, la plupart du temps des petits pains ou des gâteaux de fine farine, que l'on bénissait et que l'on envoyait en présent, symbole de charité, d'union spirituelle et d'amitié, à ceux qu'on en jugeait dignes. Saint Aubin — inutile de le dire — s'opposa énergiquement à l'envoi d'eulogies qu'on voulait faire à ce seigneur coupable de « noces incestueuses. » La décision de la majorité fut encore contre lui, et bien plus, ces eulogies devant être expédiées à l'important personnage au nom de tous les évêques de la province, chacun d'eux devait contribuer à les bénir en traçant sur elles le signe de la croix. Saint Aubin y fut obligé comme les autres, mais en faisant cette bénédiction il protesta hautement encore une fois et dit à ses collègues :

— Vous me forcez à tracer le signe de la croix sur ces eulogies. Eh bien, puisque vous abandonnez la cause de Dieu, c'est lui que j'interpelle : il est assez puissant pour la défendre !

Les eulogies furent donc envoyées. Mais avant que ce gros seigneur eût pu y goûter — il fut frappé de mort subite.

En même temps saint Aubin, qui ne pouvait supporter cette défaite de la loi chrétienne procurée par la mollesse et la timidité de ses collègues, s'en allait à l'autre bout de la Gaule avec l'évêque de Chartres consulter sur ce point saint Césaire, évêque d'Arles, docteur et père de l'Église, l'une des lumières du monde chrétien, dont la décision, entièrement conforme à celle de saint Aubin, obligea les autres prélats de la province de

Tours à réformer leur pratique et à maintenir dans toute leur vigueur, sur la matière du mariage, les décrets des conciles.

VII

Il nous reste à parler des relations de saint Aubin avec la Bretagne, spécialement avec la ville de Rennes.

L'évêque d'Angers, ayant toujours conservé dans le pays de Vannes le vaste patrimoine que lui avait transmis sa famille, était obligé d'y aller assez fréquemment ; il avait là de nombreux serviteurs, de nombreux clients. On raconte qu'un de ces derniers, un jeune homme qui s'était voué au service de Dieu, étant venu à mourir dans la ville de Vannes, saint Aubin, qui l'aimait beaucoup, fit rapporter le corps dans son domaine, dans sa villa héréditaire, et tint à présider lui-même la cérémonie funèbre.

Ces fréquents voyages d'Aubin au pays de Vannes le mirent en rapport avec un saint de pure race bretonne, grand voyageur, qui avait aussi plus d'une fois visité le Vannetais, saint Tudual, abbé-évêque de Tréguer. Un jour, ce bon évêque de Tréguer aux façons un peu rustiques, vêtu du sayon de peau de chèvre cher aux moines bretons, arriva à Angers et vint demander l'hospitalité à Aubin. Il était assez embarrassé : le roi Childebert l'avait mandé à Paris pour affaires ecclésiastiques ; or, saint Tudual savait bien le latin, la langue de l'Église, et il savait bien aussi le breton, sa langue maternelle, celle de ses compatriotes. Mais au palais de Childebert on ne parlait ni l'une ni l'autre : on parlait un dialecte tudesque, et aussi un certain latin rustique qui était le commencement de notre français. Le pauvre Breton Tudual craignait donc de ne pouvoir s'y faire comprendre, et il pria saint Aubin de vouloir bien l'accompagner pour être son interprète. Celui-ci s'y prêta volontiers, et non seulement il se fit un plaisir de servir de truchement au bon évêque bretonnant, dont il vénérait la vertu, mais il mit à son service son grand crédit auprès du roi Childebert, en sorte que les affaires de Tudual furent promptement réglées, et les deux évêques revinrent en Bretagne enchantés l'un de l'autre.

VIII

Mais c'est surtout avec le grand et illustre évêque de Rennes, saint Melaine, que les relations de saint Aubin furent nombreuses et fréquentes. Il n'y a point à s'en étonner. Ils étaient l'un et l'autre du diocèse de Vannes, et l'un et l'autre sans doute concertaient leurs efforts pour extirper de ce pays le paganisme, qui au commencement du vi^e siècle y avait encore de nombreux adeptes. Puis le voisinage de Rennes et d'Angers, dont les diocèses étaient limitrophes, dut multiplier entre eux les relations. Le biographe de saint Melaine nous a conservé le souvenir de plusieurs faits curieux qui s'y rattachent et nous en font connaître la nature.

Un jour — ce devait être dans les premiers temps de l'épiscopat de saint Aubin (vers 529 ou 530), — plusieurs évêques se trouvaient rassemblés avec lui à Angers, savoir Lauto (saint Lô), évêque de Coutances, Victor ou Victorius, évêque du Mans, et Melanius (saint Melaine), évêque de Rennes, qui déjà fort avancé en âge avait amené avec lui pour l'assister un prêtre de son diocèse d'une grande vertu, appelé Marsus. Ces évêques se trouvant à Angers le premier jour du Carême, déférèrent à saint Melaine l'honneur de célébrer, ce jour-là, la messe solennelle. La cérémonie eut lieu dans l'église de la Vierge que l'on appelle aujourd'hui Notre-Dame-du-Roncerai, et après la messe le célébrant distribua aux assistants, entre autres à saint Aubin, à Lauto, à Victorius, à Marsus, ces petits gâteaux appelés eulogies, qui étaient, je l'ai déjà dit, un symbole de charité et d'union chrétienne. En l'honneur des vertus signifiées par ce symbole, tous sans nul scrupule consommèrent les eulogies, sauf toutefois le prêtre Marsus qui, craignant de manquer à la loi du jeûne quadragésimal, cacha la sienne dans son giron et ne la mangea pas.

Peu de temps après l'office, les évêques s'étant réciproquement donné le baiser de paix, se séparèrent et prirent chacun le chemin de leur diocèse. Saint Melaine et son fidèle Marsus enfilèrent la voie romaine qui menait de *Juliomagus*, ou Angers, à Rennes en passant par *Sipia* (Visseiche). Cette voie entrait dans la ville de Rennes d'alors vers le point où se trouve aujourd'hui le pont de Berlin ; là on traversait la Vilaine en bac, et c'est sur ce passage que l'on trouva dans le le fond de la rivière, il y a cinquante ans (1840-1845), environ 30,000 monnaies romaines, jetées là par suite de l'usage où étaient les païens (Gaulois et Gallo-Romains) de faire une offrande au fleuve pour avoir une traversée favorable.

Mais longtemps avant d'être arrivé sur les bords de la Vilaine, le pauvre Marsus sentit sa conscience troublée d'abord, puis bourrelée, puis torturée, au point qu'il lui semblait presque sentir autour de son corps les étreintes d'un serpent qui lui aurait rongé les entrailles. Il était pris en effet d'un grand remords en considérant que par orgueil, au mépris de l'exemple que lui donnaient les évêques, il avait préféré la gloire d'observer strictement le jeûne à la vertu de charité qu'il aurait pratiquée en consommant lui aussi son eulogie. Bientôt il n'y tint plus, et se jetant aux pieds de saint Melaine au milieu de la route, il lui déclara sa faute et implora son pardon. Saint Melaine lui dit :

— Retourne à Angers, va trouver Albinus (saint Aubin), c'est chez lui que la faute a été commise, c'est lui qui t'en obtiendra le pardon.

Marsus s'en va à Angers, saint Aubin écoute sa requête et lui répond :

— Je vais prier pour toi assurément, mais si tu veux avoir ton pardon, va trouver l'évêque du Mans, c'est par ses prières que tu l'auras.

Au Mans, l'évêque Victorius lui dit :

— Ce que tu as de mieux à faire, c'est de retourner à saint Melaine. Sans son intercession, tu ne seras point débarrassé de ta faute ni de tes remords.

Marsus donc revient à Rennes, mais saint Melaine n'y était pas. Il était dans sa maison de Plaz ou *Placium,* sur la Vilaine, en la paroisse de Brain (non loin de Redon). Là était son domaine patrimonial et la villa de sa famille, qu'il avait transformée en monastère. Marsus va le chercher en ce lieu. Le saint passe la nuit en veille, en pleurs, en prières pour le pauvre Marsus; le lendemain il lui donne sa bénédiction et le renvoie absous de sa faute, et surtout très persuadé qu'à l'observance du jeûne il convient toujours de préférer l'esprit et l'exercice de la charité [1].

Mais voici une circonstance assez curieuse. Le premier auteur qui raconta cette histoire de Marsus dit, par forme de métaphore ou de comparaison, que son remords était violent au point de l'étreindre « comme un serpent qui lui aurait mordu le cœur. » Le second auteur fit disparaître la métaphore, la figure de rhétorique, et garda le serpent à l'état d'être réel : en sorte que dans la légende actuelle de saint Melaine, le pauvre Marsus

---

[1]. Marsus, malgré cette faute qui lui paraissait si lourde, devint aussi un saint; il est honoré dans le diocèse de Rennes, particulièrement dans la paroisse de Bais dont il était originaire, sous le nom de *saint Mars*.

s'en va d'Angers au Mans, du Mans à Rennes et de Rennes à Plaz, traînant son serpent autour du corps : sans même qu'on ait été arrêté par la cruauté prêtée à ces trois évêques qui lui imposent un pareil voyage avec un tel compagnon sous sa tunique.

IX

Cette histoire prouve les relations d'amitié qui existaient entre saint Melaine et saint Aubin. On en eut bientôt une nouvelle preuve.

Un ou deux ans plus tard, saint Melaine mourut dans son monastère de Plaz. Tous ceux qui s'étaient trouvés avec lui à Angers se retrouvèrent autour de son corps à Plaz, entre autres, les évêques Aubin, Victorius, Lanto et le prêtre Marsus. Dans la barque où ils entrèrent, on déposa le corps du pieux pontife ; d'autres barques suivaient, chargées de peuple, chargées de prêtres, chargées des moines de Plaz chantant des psaumes et des litanies. Tout ce funèbre cortège remonta la Vilaine jusqu'à Rennes et vint prendre terre au Sud de la ville de ce temps, sur la rive droite de la Vilaine, vers le point où est aujourd'hui l'escalier du Cartage. Là était la muraille de l'enceinte gallo-romaine avec sa base et ses neuf assises de briques qui avaient valu à Rennes le nom de *Ville-Rouge*.

Là, contre cette muraille, se dressait une tour, et dans cette tour étaient renfermés douze voleurs condamnés à la peine capitale. Ces malheureux entendant le bruit des chants et de la procession funèbre, adressèrent à saint Melaine une ardente prière pour être délivrés par lui. Saint Aubin sans doute s'unit à saint Melaine pour aider au succès de cette supplique, qui réussit en effet tout aussi bien que celle émanée de lui à Angers dans une circonstance fort analogue. Le mur de la tour se frangea du haut en bas, par cette issue les voleurs sautèrent vivement et vinrent se joindre au cortège funèbre de leur libérateur. La procession, contournant l'enceinte murale de la ville, se rendit au cimetière public situé alors dans le terrain occupé aujourd'hui par le carré du Guesclin, la place Saint-Melaine, le jardin de la Préfecture. Le corps du grand évêque fut inhumé au lieu où se dresse actuellement l'église abbatiale qui portait jadis son nom, terrain où il n'existait alors aucun édifice.

Saint Aubin présidait cette cérémonie.

X

Sans doute ce fut son amitié pour saint Melaine qui inspira aux habitants de Rennes l'idée de prendre saint Aubin pour patron d'une des plus anciennes paroisses de la ville, et ce jour-là ils furent vraiment bien inspirés. Car vous pouvez en juger, Mesdames et Messieurs, sur la rapide esquisse que je viens de vous présenter : si saint Aubin par ses vertus ascétiques et sacerdotales était un grand saint, c'était aussi un grand caractère. C'était un évêque, un vrai évêque, ce qu'il y a de plus grand dans l'Église et presque dans le monde, car cela veut dire : une intelligence haute et ferme, un cœur généreux et intrépide, une âme uniquement vouée à la défense du peuple chrétien, de la loi chrétienne, de la vérité et de la justice, et qui pour ces grandes causes combat, s'il le faut, sans relâche, sans faiblesse, sans s'inquiéter des menaces, des tristes défaillances qui l'entourent, toujours inflexible, inébranlable dans sa résistance au mal, au mensonge, à l'injustice.

Ce sont des évêques de cette trempe qu'il faut pour défendre le peuple chrétien, aussi bien contre les atteintes brutales de la barbarie que contre les persécutions savantes, perfides, hypocrites, qui s'efforcent d'intimider les faibles et de tromper les simples, mais qui échouent à plat contre l'énergie et la droite intelligence des pasteurs dignes de ce nom.

Au reste, entre les récompenses dont il a plu à Dieu de couronner les vertus de saint Aubin, nous pouvons compter le glorieux privilège qui lui a été donné de recueillir dans son église l'antique et glorieuse image de Notre-Dame de Bonne-Nouvelle, c'est-à-dire le sanctuaire rennais de la Vierge par excellence.

N.-D. DE BONNE-NOUVELLE

TABLEAU MIRACULEUX
DE NOTRE-DAME DE BONNE-NOUVELLE.

Mars 1896.

Monsieur l'Abbé,

J'ai été baptisé dans l'église de Bonne-Nouvelle par votre vénéré prédécesseur M. Jehannin, si renommé pour sa grande bonté et son inépuisable charité, et auquel nous devons le rétablissement du Vœu de 1632. Mon père a été l'un de ses fabriciens.

J'ai connu M. le Curé Charil des Mazures, si actif, si dévoué à la grande tâche de la reconstruction de notre église.

Je connais depuis longtemps M. le Curé Durant, qui a tout sacrifié, qui s'est usé au même labeur. Nous le voyons, avec peine, rester cruellement privé d'une partie de ses forces.

Vous-même, Monsieur l'Abbé, vous continuez avec ardeur et succès cette difficile entreprise, à laquelle s'étaient dévoués vos prédécesseurs. Enfin, mon frère est président de votre Fabrique.

Comment, dans de telles conditions, ne pas accepter volontiers de travailler pour une œuvre chrétienne qui intéresse d'abord notre paroisse, puis notre ville de Rennes, et même toute notre région de Bretagne.

Je n'ai qu'un regret, c'est de ne pouvoir mettre au service de cette bonne cause qu'un esprit assez peu accoutumé aux travaux historiques.

La bienveillance de notre savant écrivain M. de la Borderie, qui mérite votre gratitude, y supplée en complétant, par une belle et intéressante conférence sur saint Aubin, ma notice concernant Bonne-Nouvelle.

Dans mon travail, vous trouverez un chapitre jusqu'à ce jour inédit, celui des anciennes fondations, d'après le Cartulaire dominicain de 1770.

Daignez agréer l'expression de mes sentiments respectueux et dévoués.

Paul PHILOUZE

Ancien Magistrat.

Rennes, le 14 mars 1896.

CHER MONSIEUR,

Vous me demandez, avec un esprit d'équité et de modestie qui vous honore, une lettre de gratitude à M. de la Borderie. Je ne saurais mieux faire que de m'associer au témoignage flatteur que lui ont décerné les Dames du Comité de Notre-Dame de Bonne-Nouvelle [1], après ses savantes Conférences concernant son culte et celui du patron actuel de l'église paroissiale de Saint-Aubin.

Je me prête à votre désir d'autant mieux que cet acte de légitime reconnaissance vous atteint vous-même directement, puisque vous êtes l'auteur de la pieuse et intéressante histoire contenue dans la seconde partie du présent ouvrage.

---

1. Allusion à une Adresse rédigée par le Comité de Notre-Dame de Bonne-Nouvelle, présidé par Mme la marquise des Nétumières.

Recevez, Monsieur, avec l'expression de ma gratitude, l'hommage de mes sentiments respectueux et dévoués.

A. DE LA VILLEAUCOMTE,

Vicaire-Administrateur
de Saint-Aubin en N.-D. de Bonne-Nouvelle.

INTRODUCTION

Parmi les nombreuses églises ou chapelles qui depuis cinq siècles ont été érigées soit à Rennes, soit dans les paroisses voisines de cette ville, aucune n'a eu autant de célébrité que le sanctuaire de Bonne-Nouvelle.

Pas une des églises de Rennes, le chapitre de Saint-Pierre excepté, n'a reçu autant d'offrandes, autant de donations.

Aucun lieu de pèlerinage à Rennes n'a été aussi fréquenté que l'oratoire de Bonne-Nouvelle.

La dévotion à ce sanctuaire n'a pas dû.

son origine ou son développement à un miracle historiquement contestable; elle doit son commencement aux indulgences que les Papes et leurs légats de France lui ont successivement accordées; elle a dû son extension aux nombreux miracles obtenus, grâce à l'intervention de Marie, par les prières adressées à Dieu dans ce lieu privilégié.

Nous citerons plus loin la pieuse et naïve oraison que l'on avait coutume de réciter devant l'image de la Sainte-Vierge dans l'oratoire de Bonne-Nouvelle.

Dès le xve siècle (1470), Mgr Étienne Nardino, archevêque de Milan et légat du Saint-Siège en France, écrivait ceci : « Il y a dans le cloître des Frères prescheurs de Rennes une image peinte de la Sainte Vierge que l'on appelle Notre-Dame des bonnes nouvelles, et *que les peuples entourent d'une extrême vénération*, comme nous l'avons vu de nos yeux. » Cette citation prouve que dès le xv° siècle, l'oratoire des Dominicains était connu bien au-delà de Rennes, même de notre province bretonne, et qu'il était visité par de nombreux pèlerins. Elle prouve aussi, malgré une assertion contraire, que le tableau vénéré à Bonne-Nouvelle n'est point un don d'Anne de Bretagne, puisque la libéralité faite par la bonne duchesse à notre église date seulement de 1510.

Le vénérable Yves Mayeuc, évêque de Rennes, parlant de ce sanctuaire en 1524, s'exprime ainsi : « La Bienheureuse Vierge, Mère de Dieu, est en grande vénération dans l'église des Dominicains; on vient sans cesse l'invoquer, *elle y opère chaque jour les miracles les plus étonnants.* »

Les rois de France eux-mêmes montraient une grande vénération pour notre sanctuaire de Bonne-Nouvelle et, depuis l'union de la Bretagne à la France, prenaient dans leurs actes publics le titre de fondateurs du couvent dominicain de Rennes.

Les rois de France Henri II, Henri III, Henri IV, Louis XIII, firent des libéralités à cette église.

En 1666, au nom d'Anne d'Autriche, une fondation de messes à dire pour le salut de l'âme de cette reine fut faite à Bonne-Nouvelle, et le couvent des Dominicains de Rennes reçut à ce titre trois cent soixante livres, somme prélevée sur celle de trente mille livres portée au royal testament, pour être consacrée à payer des prières dans les principales églises du royaume.

En 1626, Mgr Pierre Cornulier, évêque de Rennes, s'exprime en ces termes : « Il y a dans l'intérieur du couvent réformé des Frères prescheurs de Rennes un oratoire dédié à la Sainte Vierge, sous le vocable de Notre-Dame de Bonne-Nouvelle. *Il a été illustré* depuis un grand nombre d'années *par les miracles*

les plus éclatants, et jouit d'une grande renommée, tant chez nous qu'à l'étranger, comme en font foi les actes publics, les donations et les autres monuments de la puissance de Dieu et de la piété des hommes. »

Comme l'indique Mgr Cornulier, ce n'était pas primitivement dans l'église, mais dans un simple oratoire, situé au côté oriental du cloître des Dominicains, que se trouvait le tableau vénéré des fidèles. Il était en peinture sur bois et représentait la Vierge Mère tenant amoureusement le petit Jésus entre ses bras. Ce tableau était enrichi d'arabesques élégantes, selon la mode du xve siècle, et des inscriptions latines étaient inscrites sur tout le contour. On y lit encore : *Mater Dei, Refugium peccatorum, Ave Maria.* (Dom Plaine, édition de 1872, p. 106.)

A cette époque, l'oratoire seul était appelé Notre-Dame de Bonne-Nouvelle.

Cette dénomination ne fut étendue au couvent et à l'église qu'à partir du xvii° siècle.

Nous donnerons un relevé des principales fondations faites dans ce sanctuaire. Plusieurs d'entre elles remontent au xv° siècle. Les expressions employées par les fondateurs montrent chez eux une énergie de foi et une naïveté de sentiments que nous ne connaissons plus. Est-ce un progrès?

Voici comment est rédigée, en ses premières lignes, la fondation faite en 1492 par Jean Chesnel, seigneur de Maillechat (en Guipel) :

« Je Jehan Chesnel, escuier, sieur de Maillechat, sain en pensée et entendement, combien que mon corps soit en faiblesse et détenu de maladie, réduisant à mémoire qu'il n'est chose plus certaine que la mort, ne plus incertaine que l'heure d'icelle, voulant pourvoir au salut de mon âme, fait et ordonne mon testament et derraine volonté, de la forme et manière que en suit : Et premier, je donne mon âme à Dieu, mon père créateur, et la recommande à la glorieuse benoiste Vierge Marie sa mère, à M. saint Michel archange, à Messieurs saint Pierre et saint Paul, et à toute la glorieuse benoiste Compagnie de paradis et ordonne au par sur après la séparation de mes corps et âme faite, mondit corps être ensépulturé en terre benoiste, sçavoir est à Rennes en l'église de Notre-Dame de Bonne-Nouvelle, devant l'image d'icelle. »

Un autre fondateur, Jean Martin, s'exprime ainsi en 1602 :

« Au nom de Dieu tout-puissant, il est tout certain que par le péché et offense de nos premiers parents, tout homme, quel qu'il soit, est sujet en ce monde à une infinité de travaux, peines et ennuis, et oultre et le plus souvent inopinément pâtit et endure l'extrême rigueur de la mort, laquelle toutefois n'est qu'une dissolution du corps de l'âme et eschelle par laquelle, moyennant le précieux sang de Jésus-Christ, nous montons en la céleste Hiérujalem, changeant cette mondaine et fâcheuse vie avecques une aultre plus heureuse et éternelle. — C'est pourquoi, moi Jean Martin, l'une des moindres créatures de mon Dieu et la plus pécheresse, étant détenu de griefve maladye, j'ai voulu prévenir et donner ordre à ma conscience, par les articles qui ensuivent..... »

ANCIEN COUVENT DES DOMINICAINS ET CHAPELLE
DE NOTRE-DAME DE BONNE-NOUVELLE.

CHAPITRE PREMIER

Fondation du Couvent de Bonne-Nouvelle.

Quelle est exactement l'origine du couvent des Dominicains de Rennes, où se voyait l'oratoire de Bonne-Nouvelle?

Selon la tradition dominicaine rapportée par l'auteur du *Triomphe du Vœu*, dans sa brochure en date de 1634, ce couvent aurait été fondé en 1368 par Jean de Montfort, en commémoration de sa victoire sur Charles de Blois au jour Saint-Michel 1364.

Messire Pinsard dit à ce sujet à la page 19 de sa publication : « Le courrier envoyé vers Rennes à Jeanne de Flandre par Jean de Montfort, craignant pour elle une émotion pénible, lui dit en remettant ses lettres, et avant qu'elle eût pu les ouvrir pour en lire le contenu : Bonne nouvelle, madame, le couvent fut dédié à Dieu sous le titre de Notre-Dame de Bonne-Nouvelle. »

On grava sur une plaque de cuivre les douze vers suivants :

« L'an mil trois cent soixante et huit,
« Par le duc Jean, quart de ce nom,
« Fut le couvent ici construit,
« Dont à bon droit et grand renom,
« En l'honneur de l'Assomption
« De la Vierge reine pucelle
« Fut faite la fondation,
« Qui fut au pays bonne nouvelle,
« Car par la prière d'icelle
« Et du grand prince la foy,
« Fut fondé, point ne le cèle,
« Après la grande journée d'Auroy. »

Cette tradition dominicaine est excessive. Le duc Jean IV fut le protecteur et prit le titre de fondateur du couvent des Dominicains de Rennes; mais il paraît être demeuré étranger à la première idée de cette pieuse fondation.

La lettre d'amortissement, que l'on peut encore lire actuellement aux Archives d'Ille-et-Vilaine, sous le classement 1 H 5, nous indique la vérité sur ce point; on y lit ces mots :

« Au commencement de l'année 1367, noble homme Pierre Rouxel dit Bellehère et Jeanne Rebillart, sa femme, bourgeois et habitants de Rennes, donnèrent à l'église deux herbregements, des terres, courtilz et mesons, le tout sis en la parouesse de Saint-Aulbin, non loin du cimetière de Sainte-Anne et du grand chemin rennais par où l'on va à Saint-Estienne... Leur pieuse intention était de faire et accomplir en honneur et remembrance de notre père Jésus-Christh et de la benoiste Vierge Marie sa sainte mère, ung monastère des Frères presdicateurs et religieux de l'ordre de Dynan. » (Voir *Hist. du culte de la Sainte Vierge à Rennes,* par dom Plaine, p. 68.)

Voilà le véritable et le plus ancien de tous les titres qui se rapportent au couvent des Dominicains de Rennes.

La lettre d'amortissement prouve encore

que cette fondation fut bien accueillie des habitants de Rennes :

« Les Frères prescheurs de Dynan nous ont signifié comme la plus grant partie des habitants de notre ville de Rennes, et dou pays environ, avoient dévocion et vollenté qu'ès forsbourgs d'icelle puisse être fait et édiffié une iglese et convent de ladite ordre. »

La première intervention du duc de Bretagne a pour objet de ratifier l'acte de donation de Pierre Rouxel, en recommandant à ses préposés de veiller à ce que ni les droits ducaux, ni ceux des tiers ne soient lésés. Sa lettre de commission est du 10 février 1367 ; on y lit :

« Comme Perrot Rouxel et Jehanne sa femme aient donné aux Frères prescheurs de Dynan... tous cens et héritaiges pour commencer à édifier une iglese et convent... nous vous mandons et commettons ou à dous d'entre vous... que appelez notre procureur de Rennes, pour notre droit conserver... vous certorez et enformez... comme sont ces cens et héritaiges... et quel préjudice nous poet estre de les amortir... et aussi nous faciez connoistre si vous ou aulcuns autres ont que débattre... et qu'ils vous viennent nottifier leurs préjudices. »

Quatre mois plus tard, le duc Jean IV se réserva le droit de principal fondateur, mais sans mentionner une donation par lui faite. Le 30 novembre 1367 il recommande cette fondation à tous les Bretons et dit qu'il la fait en honneur de la sainte église de saint Dominique. Il n'y parle aucunement d'un vœu fait en 1364 à l'occasion de la victoire par lui remportée sur Charles de Blois, le 30 septembre de la même année.

L'inventaire de 1770, déposé aux Archives d'Ille-et-Vilaine, mentionne un procès-verbal fait par Guillaume Trinquart, notaire à Rennes, le 2 février 1368, qui certifie que le même jour, très redouté et très excellent prince Jean IV, duc de Bretagne, fondateur de ce couvent, y mit et assit la première pierre pour sa construction.

Dans ses lettres patentes de 1368, ce prince exhorte et enjoint à ses sujets et officiers, en veue de l'honneur de Dieu et de la Sainte Vierge, de contribuer par leurs aumônes et leurs charités à la construction, protection et manutention de ce couvent et église.

L'année suivante, novembre 1369, le duc signe en son conseil un mandement à ses sénéchal, alloué et procureur de Rennes de se transporter sur les terres données, les déborner, pour ces terres être ensuite bénites par le Révérend évêque de Rennes.

En 1368, Honorée Raguenel, dame du Bordage, Messire Jehan du Roché et Jane de Champaigné, sa femme, et Jean Lebart, abbé de Saint-Melaine, firent cession des droits seigneuriaux qu'ils possédaient sur les terres données aux Dominicains.

La donation faite par Perrot Rouxel fut suivie de quelques autres; ainsi, le 5 juin 1369, Perrin Lemercier et Jehanne, sa femme, donnèrent d'autres terrains, voisins de ceux du premier donateur.

En février 1421, nobles gens Jehan et Jehanne de Saint-Martin firent donaison d'environ quatre journées d'homme à bêcher, près de la terre précédemment offerte par Perrin Lemercier.

Nous verrons plus loin la liste des principales fondations pieuses faites au couvent de Bonne-Nouvelle pendant plus de trois siècles.

Le procureur du couvent de Dinan, nommé Minuen, s'entendit avec le curé de Saint-Aulbin, qui avait nom Chief d'Asne, sur les rapports à intervenir entre les religieux et le clergé paroissial, et le 25 avril 1368 Mgr Raoul, évêque de Rennes, ratifia cet accord.

Enfin, au mois d'août 1368, Notre Saint Père le Pape autorisa la fondation du couvent de Bonne-Nouvelle.

Telle fut la véritable origine de ce sanctuaire rennais, selon les documents authentiques.

L'église qui fut construite auprès du couvent des Dominicains était assez importante. Le coût de la maçonnerie fut évalué, dans le devis dressé en 1371, à la somme de 4,000 liv.

Le 28 juillet 1373, du Guesclin, qui venait de s'emparer de Rennes, donna ordre aux receveurs diocésains de continuer à payer les sommes promises par le duc Jean IV pour la construction de l'église dominicaine.

En 1429, cet édifice religieux n'étant pas encore totalement construit, le pape Martin V, pour encourager les fidèles à le terminer, accorda de grandes faveurs spirituelles à ceux qui, dans un délai de dix ans, contribueraient à l'achèvement de ce sanctuaire.

En réalité, rien ne fut prélevé pour cette pieuse construction sur le trésor ducal, et dans son testament, daté de 1385, le duc de Bretagne, bien qu'il y fasse de nombreux legs, ne donne rien au couvent de Bonne-Nouvelle.

Ce fut en 1410 seulement que les Dominicains prirent l'habitude de dire journellement une messe pour le repos de l'âme du duc Jean IV, et cette coutume persista pendant trois siècles.

Les ducs et la haute noblesse de Bretagne se montrèrent surtout généreux envers le sanctuaire de Bonne-Nouvelle dans la seconde moitié du xve siècle.

Pendant longtemps, le seul oratoire contenant le tableau vénéré de la Sainte Vierge porta le nom de Bonne-Nouvelle; mais, à partir du xviie siècle, cette appellation s'étendit au couvent tout entier. A cette époque, l'affluence des pèlerins devint si considérable (1620) qu'il fallut élargir le côté du cloître par lequel ils arrivaient à l'oratoire de Bonne-Nouvelle. Le Père Jubin, alors prieur du couvent, adressa une supplique aux échevins de Rennes pour obtenir la reconstruction totale de la chapelle, et les dons affluèrent en telle abondance que, dès 1623, on put faire la dédicace du nouvel oratoire.

L'autel fut offert par Mme la duchesse de Vendôme, fille du duc de Mercœur. Il fut surmonté d'un revêtement en tuffeau supporté par des colonnes de marbre et de jaspe formant encadrement au tableau de la Sainte Vierge.

Telle fut la situation du sanctuaire de Bonne-Nouvelle jusqu'à l'époque de la peste de Rennes survenue en 1624, calamité persistante qui motiva le Vœu solennel de 1632.

CHAPITRE II

Peste de Rennes. — Occasion et Promesse du Vœu.

Le P. Pinsard, docteur en théologie et théologal de Cornouailles, contemporain du Vœu de 1634, s'exprime ainsi :

« Voici que l'an 1624 commence à paraître une pestilence cruelle, qui d'abord emmenant quelques habitants, remplit le reste de frayeur et d'étonnement... Devenue plus audacieuse, elle attaque les maisons des notables, de la noblesse et des religieux, et entre jusque dans les chambres nuptiales de MM. de la Cour, où elle fait bien voir qu'elle traite d'une même sévérité ceux qui logent dans les palais, reposent sur les lys, et ceux qui demeurent parmi la lie des hommes... L'on peut conjecturer quelle était la face de Rennes durant cette calamité publique : on n'y aborde plus que comme en la région des morts; on n'y remarque plus qu'habits de deuil, on n'y entend que funérailles; l'horreur des nuits est accrue par l'enlèvement des morts et des malades..., et n'y a personne qui n'ait perdu quelqu'un de ceux qu'il chérissait le plus.

« Depuis l'année 1624 jusqu'en l'année 1632, tel fut l'état de cette pauvre ville... tant épuisée d'une grande partie de ses habitants, si appauvrie pour avoir fourni à l'incroyable dépense que lui causa cette maladie..., elle voyait plus moyen de subsister au travail, ni de fournir aux dépenses qu'il fallait faire.

« Mgr de Rennes (en ce temps-là Pierre de Cornulier) se munit du bouclier de l'oraison..., ordonne des processions générales, qui se font solennellement... Il fit porter les reliques de saint Amand et des autres corps saints qui reposent dans les églises de Rennes. Toutes ces solennités, que nous ne pouvons douter avoir été agréables à Dieu, ne purent arrêter son bras... »

Le *Journal d'un Bourgeois de Rennes*, déposé aux Archives de la ville, donne quelques renseignements sur le même fait; il s'exprime ainsi :

« Le mardi 9 décembre 1624, M. le sénéchal et le procureur du roi ont descendu en la rue Saint-Germain pour faire visiter les pestiférés par le barbier de la Santé, qui était Guy Jarry, et le lendemain fut fait une assemblée chez M. le sénéchal de tous les apothicaires et sirurgiens de Rennes. Il fut de même chouaisy ung père de la Santé, qui fut M. de Mantival, ainsi que des héraulx pour porter ces malades à la Santé.

« On cite parmi les victimes Mmes de Molac et du Chastelier, M. Malherbe, aumônier, Rouxel et Pacot, jésuites, Guy Jarry et Sébastien Frin, médecins... On ferma au cadenas près de deux mille maisons.

« Le 27 avril 1625, en conséquence de l'ordonnance de Mgr de Rennes et de l'avis de MM. du Chapitre de Saint-Pierre, il fut fait pour le bien public, à cause de la peste, une procession générale où tout le clergé et les religieux de tous les couvents de la ville et forsbourgs assistèrent, ayant chacun un cierge blanc allumé et accompagné de quatre torches ardentes... Elle commença à l'église cathédrale de Saint-Pierre, vint à Saint-Melaine et de là à la chapelle Brûlon, dédiée à l'honneur de saint Roch, avec la châsse de M. saint Amand.

« Au mois d'août de la même année, nouvelle procession à Notre-Dame de Brûlon; l'évêque y célébra la messe pontificalement. »

Toutes ces tentatives étant demeurées infructueuses et la peste continuant de sévir, il ne restait plus, dit le P. Pinsard, « qu'à demander à Dieu et attendre de lui qu'il révélât le moyen d'apaiser son ire.

« Ce fut en 1632 qu'un membre notable du clergé de Rennes eut l'idée d'un vœu signalé à Notre-Dame.

« Le mal qui allait toujours en accroissant ne permettait pas qu'on remît au lendemain une résolution qui se pouvait prendre dès l'heure présente. Mgr l'évêque, les Corps de MM. du Chapitre, de la Cour, de la Ville, entrent en délibération environ le 12 d'octobre 1632..., ils se trouvèrent unis en la résolution de chercher leur remède à la faveur d'un vœu consacré à Dieu sous l'invocation de Notre-Dame.

« Dieu, dit le P. Pinsard, a voulu que les vœux des hommes empruntassent leurs mérites de ceux de Marie, et qu'en cette occasion le pasteur et la bergerie, le Sénat et le peuple, le bourgeois et l'habitant, s'unissent au dessein de se dévouer à elle.

« Il fut arrêté que la matière serait d'argent et qu'il représenterait la ville de Rennes et ses principaux temples et bâtiments, au pied d'une image de Notre-Dame tenant son Enfant Jésus entre ses bras. »

Après la formation du Vœu, la collecte générale, à laquelle les pauvres contribuèrent comme les riches avec le plus louable empressement, fournit bien au-delà de la somme nécessaire.

M. de Meschinière, agent général du clergé de France, reçut charge de surveiller à Paris le travail du Vœu et d'en presser l'achèvement.

L'ouvrage fut entrepris à douze écus le

marc par M. Delahaye, le plus riche et le plus employé orfeuvre de Paris. Le marc valait alors 32 livres, et la livre représentait plusieurs francs de notre monnaie.

Ce travail subit un assez long retard, et dans une lettre en date du 17 juin 1634 M. de Meschinière l'explique ainsi : « L'orfebvre qui travaille sous M. Delahaye a préféré à notre Vœu une châsse que lui avait baillée à faire Mme de la Meilleraye, abbesse de Chelles, de sorte que tous les mois d'apvril et de mai, il n'a rien fait pour vous. »

Le travail ne fut expédié de Paris à Rennes qu'au mois de juillet 1634, et M. de Meschinière écrivit : « Je vous envoie le Vœu, que ferez s'il vous plaît retirer du messager; il est en deux caisses... »

Le Vœu arriva à Rennes le 6 août 1634, après treize jours de voyage. On n'a pas le détail de son prix, mais il dut coûter environ 15,000 fr. de notre monnaie.

Restait à le placer, soit à Rennes, soit aux environs. Mgr l'évêque, dit le P. Pinsard, « entra au Parlement pour savoir où selon lui le vœu devrait être rendu.

« Cette religieuse et docte Compagnie lui remettant l'entière disposition de cette affaire (qui regarde la religion), après plusieurs déférences de courtoisie rendues de part et d'autre, enfin il fut arresté que le Vœu serait rendu à Notre-Dame de Bonne-Nouvelle, au couvent des Frères prescheurs. »

Pour comprendre cette décision prise par les autorités religieuses, judiciaires et municipales de Rennes, il faut se rappeler de la grande vénération en laquelle était le sanctuaire dominicain.

En 1510, la bonne duchesse Anne, devenue reine de France, écrivait dans ses lettres patentes, en renouvelant aux Dominicains leurs exemptions et franchises et en y ajoutant une rente annuelle de 80 livres : « Nous en agissons ainsi à cause de la grande et fervente dévotion que nous avons toujours eue à Notre-Dame de Bonne-Nouvelle. »

De son côté, le P. Pinsard s'exprime ainsi : « Dieu semble si favorable à cette maison, que tous ceux qui y prient sont exaucés, et se voit au coin du cloistre joignant l'église une image de Notre-Dame tenant son petit Enfant

Jésus entre ses bras, le tout en plate peinture que l'on croit y avoir été peinte au même temps que le couvent fut bâti. Cette image s'est rendue célèbre par les grands miracles qui s'y font... Il n'y a incommodité corporelle ou spirituelle contre laquelle on n'y recouvre le remède présent et désiré.

« Et quoique les libertins en disent, il faut que tous les ouvrages de cire dans laquelle sont représentés autant de membres qu'il y a au corps humain, appendus aux poutres, qui se voient en cette sainte chapelle, convainquent l'incrédulité des méchants et entretiennent la foi des gens de bien. »

A la page 167 de son livre sur l'*Histoire du culte de la Sainte Vierge*, dom Plaine écrit :

« Rennes, et peut-être même la Bretagne, n'avaient guère en 1630 de sanctuaires plus renommés, de lieux de prières signalés par plus de miracles, que l'oratoire dominicain de 1367. »

On trouve aux Archives municipales, acte du 8 septembre 1634, la description du Vœu proposé :

« Le Vœu de Rennes consiste en une image de la Vierge couronnée, tenant le Petit Jésus entre ses bras, lequel a la main levée pour donner sa bénédiction sur la ville de Rennes, dont la figure faite en ovale est représentée aux pieds de l'image de la Vierge. Cette image a deux pieds de hauteur et est posée sur une base de deux pieds environ. La figure de la ville a de longueur deux pieds deux pouces et de laize un pied et demie... Autour est figurée la ceinture des murailles d'icelle avec ses vingt-quatre tours et ses rues. »

Page 174 et suivantes, dom Plaine donne des détails intéressants, par lui puisés aux Archives municipales de Rennes :

« En 1634, la Communauté de Rennes comprenait : Olivier Leduc, sieur de la Bouquinais, procureur syndic ; Pierre de Caradeuc, sieur de la Chalotais, et Pierre Glet, sieur de la Hurlais, connestables ; Gilles Martin, Sébastien Durand, Jacques Ollivier, François Cheveau, Pierre Jouin, notables, et Ducreux, secrétaire-greffier. »

Par délibération du 8 août 1634, la fête de

la translation du Vœu fut fixée au jour de la Nativité, 8 septembre. Le 12 du même mois, l'emplacement du Vœu fut ainsi déterminé : « Il sera posé sur une table de marbre noir de trois pieds huit à neuf poulces de long et de laize deux pieds six à sept poulces, avec une table épaisse de cinq poulces, en laquelle espaisseur sera écrit en lettres d'or : *Sacrum Deo Virginique ob civitatem Rhedonensem a peste liberatam*, 1632. Les deux colonnes de marbre noir jaspé sur lesquelles reposait la tablette du Vœu devaient être faites avec chapiteaulx en pierre de Taillebourg et suivant l'ordre de Corinthe. Le maître maçon René Pasquet s'engagea à fournir, pour la modique somme de 200 livres, le marbre, la pierre et les autres attirails, le tout prêt et à place le 4 septembre. »

Dans une séance du 21 août, on décida que le monument représenterait la maison de la Santé ; l'orfèvre Malescot fut chargé de réparer sur ce point l'oubli de l'artiste parisien. Le brancard du trône d'honneur soutenant le Vœu fut orné par Pierre des Lauriers, maître brodeur à Rennes.

Il fut décidé que le drapeau du Vœu porterait « en peinture fine, faite à l'huile, la Vierge tenant le Petit Jésus entre ses bras, lequel étendra la main pour bénir la Ville qui lui sera montrée par la Vierge, ladite Ville étant aux pieds de ladite imaige. Sera ladite imaige de la Vierge au naturel et la taille proportionnée à la grandeur du tableau et de l'enseigne. » David Scot, maître pinctier à Rennes, accepta de faire cet étendard au prix de 100 livres.

« Dieu, dit M. le chanoine Pinsard, entendit et accepta la préparation des cœurs de MM. de Rennes, car au même point que ce Vœu fut conçu et destiné à l'autel de Notre-Dame de Bonne-Nouvelle, la maladie contagieuse cessa entièrement. Ce fut un miracle nouveau qui mérite bien de tenir rang parmi les plus signalés de ceux que l'on reconnaît avoir été faits par l'intercession de Notre-Dame de Bonne-Nouvelle. »

On lit aux Archives municipales, acte du 7 septembre 1635 :

« Incontinent la résolution du Vœu solennel prise, la maladie cessa et disparut tout d'un coup, comme par enchantement... Combien fut donc salutaire le conseil qu'il plut à la divine bonté de nous inspirer. »

Mgr de Rennes, Pierre de Cornulier, s'exprime ainsi :

« Cette ville avait été affligée pendant de longues années de la maladie contagieuse ; le mal avait été tel qu'il l'avait rendue quasi-déserte, mais la contagion a cessé incontinent après le Vœu fait, par bienfait et visible assistance du ciel. »

Le Dominicain Albert, de Morlaix, dit également :

« La mortalité cessa tout à coup, les malades recouvrèrent la santé et aucun ne fut plus frappé... La maison de la Santé, qui depuis plus de huit années n'avait désempli de malades et de morts, fut tout à coup vidée de tout ce peuple affligé. »

CHAPITRE III

De la Rendition du Vœu.

Nous venons de citer quelques mots du Dominicain Albert, du couvent de Morlaix, auteur de la *Vie des Saints de la Bretagne-Armorique*. Cet écrivain, fidèle à la tradition dominicaine, soutient que le couvent de Bonne-Nouvelle a été fondé par le duc Jean IV, en commémoration de sa victoire d'Auray.

Il raconte que le 2 février 1468, le duc posa la première pierre de l'édifice en présence de Raoul de Tréval, évêque de Rennes, Frère Simon de Langres, évêque de Nantes, Guillaume Poulart, évêque de Saint-Malo, Geffroy, évêque de Vannes, Jean du Juch, évêque de Léon, Geffroy de Kermoysan, évêque de

Cornouailles, Frère Éven Begaignon, évêque de Tréguer, Jean Lebarz, abbé de Saint-Melaine, les abbés de Prières et de Rhedon, Jean de Rohan, Olivier de Clisson, Jean de Beaumanoir, Bertrand Goyon de Matignon, Jean de Rieux, les seigneurs de Malestroit, Coëtmen, Blossac, Bonabes de Kerlac, Jean de Saint-Gilles, chevaliers bretons, Guillaume de Latomer, Robert de Neufville, Jean Basset et autres, chevaliers anglais, et une innombrable multitude de peuple (p. 467).

Le duc prit un riche devanteau de fourrure d'hermine et en une main un petit marteau d'argent doré, en l'autre une truelle de même métal, et se déclarant premier et principal fondateur de ce monastère, y mit et assit la première pierre, à l'honneur de Dieu et de sa Sainte Mère, sous l'invocation de Notre-Dame de Bonne-Nouvelle.

Puis donna au seigneur de Matignon cent florins d'or pour mettre au plat de l'offrande, et tous les autres seigneurs, à son exemple, se montrèrent libéraux à contribuer à ce nouvel édifice (p. 468).

Le duc avait une affection très spéciale à ce

lieu... Lorsqu'il était à Rennes, il allait d'ordinaire entendre la messe à Bonne-Nouvelle, et aussitôt qu'il eut pris port à Solidor, l'an 1379, à son retour d'Angleterre, où il s'était réfugié pendant une révolte générale de son pays, il en vint rendre grâce à Dieu et à Notre-Dame de Bonne-Nouvelle et y donna mille florins d'or...

A sa mort, au château de Nantes, il recommanda au prince Jean son fils, à la duchesse Jeanne de Navarre sa femme, et aux tuteurs de ses enfants, de parachever l'édifice de Bonne-Nouvelle, où il eût été enseveli s'il fût mort à Rennes, comme étant le lieu qu'il chérissait le plus en ce monde (p. 468).

Le duc Jean V, mémoratif des paroles de son père..., s'en vint à Bonne-Nouvelle, ratifia la donation faite par son père..., et l'an 1410, donna audit monastère dix mille escus d'or, et ordonna être pris sur les receptes de l'évêché de Rennes la somme de quatre mille livres par chaque quartier de l'année, pour être employée au paiement des massons qui travaillaient à l'édifice dudit couvent.

Le fils de Jean V, François 1er du nom,

avant d'aller en Normandie contre les Anglais en 1449, se vint recommander à Notre-Dame en sa chappelle de Bonne-Nouvelle.

Le duc Pierre II et la Bienheureuse Françoise d'Amboise, sa femme, étaient si affectionnés à ce saint lieu qu'ils n'en bougeaient tous les jours pendant que leur cour était à Rennes, et y donnèrent plusieurs riches ornements.

C'était en ce lieu qu'ordinairement le vaillant prince Artur, comte de Richemont, connestable de France, venait rendre grâce de ses victoires et offrir à la Sainte Vierge les armes et trophées de ses ennemis... Quand son chef, déjà grison, fut orné de la couronne ducale, en novembre 1457, il en fut rendre actions de grâces à Notre-Dame en sadite chappelle (p. 469).

La duchesse Anne surpassa encore les autres souverains de Bretagne par son affection envers le sanctuaire de Bonne-Nouvelle.

Elle y donna sa couronne ducale, trois chappelles entières de drap d'or, chappes, chasubles et tuniques, la première desquelles est faite de sa robe de nopces et de son grand manteau royal à queue..., et y donna de beaux privilèges et exemptions, par lettres datées de Blois, en mai 1510.

Ces détails nous font savoir combien était grande la vénération des fidèles pour le sanctuaire de Bonne-Nouvelle, et suffisent à expliquer pourquoi le Vœu de 1632 fut déposé dans l'église des Dominicains de Rennes.

Voici le récit d'un témoin oculaire de cette cérémonie, le P. Pinsard :

« Le Vœu étant apporté de Paris, Mgr de Rennes destina que la solennité de la rendition serait célébrée le 8 septembre, jour de la Nativité de Notre-Dame, et les jours suivants.

MM. de la Communauté firent poser sous l'arcade gauche, entre l'autel de Notre-Dame et celui de Saint-Joseph, une table en corniche de marbre noir, portée par deux colonnes, avec cette inscription : « *Sacrum deo Virginique matri ob civitatem Rhedonensem a peste liberatam, anno 1632...*, et au-dessous sont les armoiries de la Ville : *ampalé de six pièces d'argent et de sable; au-dessus un chef de Bretagne.*

Pendant que se faisaient les préparatifs de la fête, MM. les Religieux de Bonne-Nouvelle étudiant en philosophie et leurs régents ouvrirent des disputes publiques...; quelquefois la querelle s'échauffait jusqu'à la sueur, jamais elle n'en vint jusques au sang.

Chacun s'employait à faire nettoyer les rues..., d'autres aux préparatifs nécessaires à la réception du peuple qui arrivait du Maine, de Normandie et de toutes les villes de la province. (Il est à remarquer que le pain a manqué ce jour-là dans la ville, à cause du peuple qui y abondait de trente et de quarante lieues.)

A la page 490, tome II, de son *Dictionnaire de Bretagne*, Ogée écrit à l'occasion de la cérémonie du Vœu de Bonne-Nouvelle : « On assure qu'il y avait à Rennes plus de deux cent cinquante mille personnes, y compris les habitants. »

La douceur de la nuit fut favorable à plusieurs mille pèlerins qui ne purent trouver logis où se reposer des peines du chemin du jour précédent que sur le pavé... Le temps resta couvert, mais sans pluie.

On avait ordonné que les rues par où passerait le Vœu seraient tapissées. Les habitants de ces rues, obéissant très volontiers à l'ordonnance, employèrent la matinée à tendre leurs maisons, et les femmes, d'ailleurs très curieuses de la conservation de leurs meubles, tirèrent à cette occasion les plus rares pièces de leurs cabinets, de façon que les murailles du haut en bas, les fenêtres, les portes et le reste des maisons riaient sous la soie, les tavayolles et sous la tapisserie.

En la Maison de Ville, MM. de la Ville s'y étant assemblés entre les 7 et 8 heures du matin, avertis par noble homme J. Olivier, sieur de la Rouaudière, maître des cérémonies, que MM. du Parlement et Siège Présidial étaient arrivés à l'église cathédrale, partirent en corps pour y porter le Vœu et le présenter à M$^\text{gr}$ l'Évêque, en la forme qui suit :

Premièrement marchaient en tête les officiers et hallebardiers de la Ville, vestus de casaques de velours blanc parsemé d'ermines de velours noir profilées de fil d'argent, suivis d'une école de violons, et après eux marchaient cent enfants vêtus lestement, conduits par douze guidons. Ici paraissent des musettes de Poitou et de là une grande enseigne portée par écuyer Jean de Quellenec, sieur de la Brosse, gentilhomme habitant de la ville, et après suivait le Vœu, porté par huit échevins, élus à la pluralité des voix.

Le Vœu était élevé sur un brancart couvert d'une housse de satin blanc parsemé d'ermines et environné de vingt-quatre beaux enfants revêtus en anges, et portaient chacun un miracle fait par les prières de Notre-Dame de Bonne-Nouvelle; les hautbois étaient au derrière du Vœu, le Corps de la Ville le suivait, et en dernier lieu marchait une compagnie de morte-paies et de hallebardiers habillés comme ceux de devant.

Ainsi marche le Vœu au son des violons, des musettes, des hautbois et des trompettes et parmi un grand nombre de canonnades, depuis la Maison de Ville jusques à l'entrée de l'église cathédrale dédiée à saint Pierre.

Comme MM. de la Ville arrivèrent en cette église où tout éclatait de richesses, ils trouvèrent dans le parquet les Corps de la cathédrale et des Religieux de Saint-Melaine et MM. du Siège Présidial rangés sur des bancs du côté de l'Évangile, et MM. de la Cour de Parlement en corps et en robe rouge, assistés de leurs officiers, du côté de l'Épître; ils prirent place sur des sièges dressés pour eux au bas du parquet et proche du Vœu, où ils furent placés par le maître des cérémonies, comme il avait fait MM. du Parlement et Présidial.

Le Vœu est un chef-d'œuvre en argent, du poids de 119 marcs. Il représente la ville de Rennes, ses murailles, ses portes, ses vingt-quatre tours et toutes ses églises, ses bâtiments et faubourgs principaux. Le visage de Notre-Dame, tenant entre ses bras son Petit Enfant Jésus et dominant le Vœu, semblait si attentif et si enclin à contempler la ville étendue au-dessous de ses pieds qu'elle en devenait toute rayonnante.

Mgr de Rennes monta en chaire et traita de la nature et des conditions du Vœu, des mérites et de la puissance de la Vierge, sous faveur de laquelle on allait présenter celui-ci, de la piété et de la recommandation de la

Maison de Bonne-Nouvelle en laquelle on l'allait rendre.

Ce grand prélat, descendant de la chaire, se revêtit de ses habits pontificaux, riches jusqu'au point de l'admiration, pour célébrer la Sainte Messe à un autel qu'on avait dressé expressément au haut de la nef, au-dessous du Crucifix.

Après la messe eut lieu la bénédiction du Vœu.

On présente à l'évêque une chaire richement ornée dans laquelle il s'assied sur le marchepied de l'autel, la mitre sur la tête, la face tournée vers le peuple. Le Vœu fut apporté par les huit bourgeois qui en avaient la charge. Devant eux marchèrent noble homme Jean-Olivier Leduc, sieur de la Boucquinais, avocat et procureur syndic, précédé par écuyer Pierre de Caradeuc, sieur de la Chalotais, écuyer Pierre Glet, sieur de la Hurlaye, connestables, lesquels arrivés assez proche de mondit seigneur évêque, après qu'ils lui eurent fait une très profonde révérence, ledit sieur syndic, par une très éloquente action, les genoux en terre, lui fit entendre de la part de toute la ville le sujet de l'assemblée et du Vœu qu'ils venaient présenter, afin qu'il l'acceptât au nom de Dieu et en reconnaissance publique de la santé recouverte par les prières de Notre-Dame de Bonne-Nouvelle, à laquelle ils le suppliaient d'offrir le même Vœu.

Ensuite Mgr l'Évêque se leva, assisté de MM. les archidiacres et de ses aumôniers, fit la bénédiction suivant la forme portée dans le pontifical... puis les sergents de la ville et autres fendent la presse du peuple et ouvrent chemin à la pointe de la procession, laquelle fut tenue par les confréries des métiers, comme il suit :

Les tessiers allaient à la tête et étaient suivis des mareschaux fourbisseurs, teinturiers, tailleurs, menuisiers, coutelliers, selliers, blanconniers, cordonniers, chapeliers, drapiers, drapans, couvreux, bouchers, pâtissiers et boulangers.

Après les confréries des métiers, celles des dévotions : Saint-Sébastien en Toussaints, Saint-Sébastien et Saint-Laurent en Saint-Germain, les Cinq Plaies et les Apôtres en Toussaints, de Saint-Étienne en Saint-Étienne, de Saint-Fiacre en Saint-François, de Saint-Roch et Saint-Eutrope en Saint-Anne, de Saint-Nicolas en Toussaints, Saint-Roch et Saint-Sébastien en Saint-Georges, du Saint-Sacrement en Toussaints et Saint-Germain.

A la tête de chaque confrérie marchaient douze belles torches armoyées des armes de la confrérie ; chaque confrère portait un cierge blanc allumé à la main ; ils avaient après eux des hallebardiers. Et puis on voyait marcher les croix et les bannières des paroisses, et une école de dix violons, vêtus de robes de coton blanc froncées sur les épaules, lesquels jouant de fort beaux airs marchaient au front de la compagnie des cent enfants conduits sous douze guidons, desquels le grand était porté par le fils de M. le président de Chalain.

Cette gentille compagnie était suivie de quatre hautbois vêtus de robes de futaine blanche barrée de rouge, les têtes couronnées de guirlandes de fleurs, jouant l'hymne *Ave Maris Stella.*

De là commençaient à prendre rang les compagnies des religieux... Les Pères Minimes allaient à la tête, les Pères Capucins les suivaient au nombre de quarante, les Pères Cordeliers soixante-dix, les Pères Carmes soixante-quatre, et les Pères de Bonne-Nouvelle quatre-vingt-dix-sept; chaque maison marchait sous sa croix et chaque religieux portait un cierge blanc à la main.

Les religieux passés, venaient les prêtres et les recteurs des neuf paroisses de la ville, qui sont : Saint-Étienne, Toussaints, Saint-Germain, Saint-Aubin, Saint-Sauveur, Saint-Georges, Saint-Jean, Saint-Martin et Saint-Hélier..., et marchaient deux à deux, chacun ayant un cierge à la main et le bonnet en tête.

Après le corps des paroisses venaient MM. les religieux de Saint-Melaine, vestus d'aubes et de chapes, et après eux quatre hautbois de Poitou, vêtus de casaques de futaine blanche barrée de soie bleue et incarnadine, et flottantes battant sur les talons. Ils avaient les têtes ceintes de couronnes et jouaient *O gloriosa Domina*.

Immédiatement après paraissait l'enseigne de la cérémonie, contenant dix pieds en carré de taffetas blanc, sur laquelle était dépeint d'un côté, tout au haut, un *Maria*, et au-dessous la Vierge Mère tenant son petit Jésus, et à ses pieds la ville de Rennes. De l'autre côté, un nom de *Jésus*, et au-dessous les bienheureux serviteurs de Dieu saint Sébastien et saint Roch, implorés durant la calamité de la peste. Le bas de l'enseigne avait les armes du roi et celles de la ville, dedans le vide elle était toute semée de lys et d'ermines. Elle était portée par le sieur Delabrosse-Quenelec, suivi d'un jeune enfant lestement habillé qui retroussait le bas de l'enseigne.

Sous cette belle enseigne marchait, devant et proche du Vœu, une troupe composée de vingt-quatre beaux enfants vestus en forme d'anges. Leurs visages brillants parmi l'or et la crespure de leurs chevelures blondes, et sous des couronnes faites comme des soleils, leurs corps couverts de brocatelles d'or et d'argent, leurs épaules empennées de petits ailerons, les eussent fait prendre pour autant de ces esprits bienheureux qui servent la Reine des anges. D'une main ils portaient des cierges allumés, et de l'autre côté ils soutenaient sur leurs bras chacun sa rondache ceinte de laurier verdoyant. Sur ces rondaches ou boucliers l'on voyait des tableaux de vingt-quatre beaux miracles faits par son intercession...

Lorsque le Vœu sortit de l'église Saint-Pierre, les canons de la Maison de Ville commencèrent à tirer, les trompettes et les tambours à sonner, le gros horloge à ban ; le peuple qui était au-devant de l'église, de la Maison de Ville et des fenestres, jetait des voix d'allégresse, les musiciens chantaient ; l'orgue, les cornets à boucquins, les harpes, les violles, les hautbois et autres instruments jouaient...

Après le Vœu marchait la musique et MM. de Saint-Pierre parés de leurs plus riches ornements, et ensuite Mgr de Rennes portant sa mitre en tête et une chappe d'une riche étoffe d'argent, suivi de ses aumôniers, gentilshommes et autres officiers.

Après ce spectacle de piété s'offrait celui

de la justice : à scavoir MM. du Parlement, en tête marchaient les huissiers, la chancellerie, les notaires deux à deux, les greffiers criminel et civil, l'un après l'autre, et après eux suivaient les corps du Présidial et de la Ville, soutenus par une compagnie de hallebardiers qui repoussaient la foule, qui faisait plus de cinquante mille personnes suivantes.

Il ne se peut rien voir de plus auguste que ces corps, et surtout celui du Parlement, dont la pourpre relevait le lustre de la pompe du Vœu, et l'exemple échauffait la dévotion des assistants.

En cet ordre sortit la procession de Saint-Pierre, et passant par la Cordonnerie, au grand bout de Cohue, de la Mittrie, de la Pompe, des Baudrairies, de la Ciguë, de la Charbonnerie, alla sortir de la ville par la porte aux Foulons.

Le pont aux Foulons était orné d'arcades de lauriers. Comme le Vœu y entrait, les fanfares des trompettes et le bruit des canonnades se mêlaient parmi la musique qui accompagnait le Vœu. A l'entrée du cimetière Sainte-Anne, vers le bout du pont, on voyait au coin dudit cimetière un portail élevé de 24 pieds, orné de riches tableaux ; celui du milieu portait l'image du patriarche saint Dominique à genoux, lequel recevait le Rosaire des mains de la Sainte Vierge, qui était sous une arcade en laquelle étaient peints les quinze mystères du saint Rosaire. Ce grand tableau était accompagné de six autres représentant saint Antonin, le bienheureux Albert Legrand, saint Ambroise de Sienne, saint Jacques de Venise, saint Jacques Lalleman et saint Vincent Ferrier, tous de l'ordre des Frères prescheurs. Au côté de ce portail il y avait un théâtre d'où sortait une musique si charmante que les musiciens qui accompagnaient le Vœu s'imposèrent silence et que ceux qui le portaient s'arrêtèrent plus d'un quart-d'heure pour l'écouter.

Après que l'on était sorti de dessous ce portail, on découvrait la façade de celui de la porte du cimetière de Bonne-Nouvelle, laquelle était ornée de plusieurs armoiries. Au plus haut étaient celles du Pape entre deux trophées, au-dessous étaient celles du roi entre celles de Bretagne et de Mgr l'Éminentissime cardinal duc de Richelieu; l'on y voyait aussi celles de M‍gr de Rennes et de la Ville, de l'ordre et du général des Frères prescheurs.

S'avançant dans le cimetière, l'on entrait en l'église par un portail de trois autres pyramides entre lesquelles se voyaient deux anges, beaux comme des soleils et revêtus de satin blanc à broderie d'or, qui donnaient de l'encens d'une main et de l'autre présentaient des fleurs.

Au même temps qu'on entrait dans cette église on y trouvait tant d'objets élaborés pour les plaisirs des sens que l'on ne savait auquel s'arrêter; si l'œil était ravi par les plus rares traits de la peinture ou par les plus riches nuances de la tapisserie qui couvrait les murailles depuis le haut jusqu'au bas, ou par les richesses qui brillaient en ce temple, l'oreille demeurait enchantée par les plus doux et les plus inouïs accords de la musique et de la ravissante harmonie des orgues et des voix.

Le Vœu fut premièrement porté devant le grand autel, dans le chœur, où la musique et les instruments firent de nouveaux efforts chantant un motet, après lequel Monseigneur dit des oraisons; de là le Vœu fut porté devant l'autel de Notre-Dame de Bonne-Nouvelle, en la même forme qu'il avait été apporté depuis Saint-Pierre.

MM. de la Cathédrale, du Parlement, du Siège et de la Ville entrèrent quasi-seuls en ladite chapelle, où ils se jetèrent tous en terre, la plupart d'eux fondant en larmes de dévotion et provoquant tous ceux qui les contemplaient à pleurer...

Ceux qui portaient le Vœu, conduits par le maître des cérémonies, les sieurs connestable et syndic, et l'enseigne portée par écuyer Jean de Quellenec, sieur de la Brosse, s'avançant jusqu'aux balustres, proche l'autel de la Vierge, mondit seigneur l'évêque sortit des balustres, alla au lieu bâti pour recevoir le Vœu, et y montant par des gradins dressés expressément, les huit bourgeois et autres le lui apportèrent et lui présentèrent : il le reçut de ses propres mains et aidé par ses officiers il le mit et posa sur la table de marbre noir, portée sur les deux colonnes de marbre jaspé, comme nous avons dit.

Après cela, il exposa le Saint-Sacrement sur l'autel pour commencer les Quarante-Heures, en présence des RR. PP. Joubert, docteur de Paris, vicaire général de la Congrégation gallicane des Frères prescheurs, et Joüauld, aussi docteur de Paris et prieur du couvent de Bonne-Nouvelle, et autres religieux.

Durant que Mgr l'Évêque posait et affermissait le Vœu sur ces colonnes, tous les assistants pleuraient de joie, fondaient en larmes et menaient un agréable murmure de sanglots et de jubilations qui se mêlaient et perdaient doucement parmi les voix des musiciens et des instruments.

Il était environ trois heures après midi, lorsque la procession reprit ses rangs pour s'en retourner à Saint-Pierre, et quoique la plupart fussent à jeûn, même Mgr l'Évêque, ils ne se purent empêcher d'arrêter dans le cimetière de Bonne-Nouvelle pour entendre une excellente musique...

Enfin entrés par la porte Morlaise, ils retournèrent à Saint-Pierre, où se fit le débris de la procession, environ les quatre heures de l'après-midi.

Sur les Lices, trois flambeaux allumés furent départis à MM. les connestables et au syndic de la Ville, lesquels, par chacun son endroit, allumèrent un feu de joie et de là s'en retournèrent dans la Maison de Ville.

Pendant et à l'issue du feu de joie, le peuple retourna à Bonne-Nouvelle pour voir le Vœu et entendre les vespres ; le R. P. Joubert monta en chaire..., et après on célébra le Salut de la Vierge et celui du Saint-Sacrement, à cause des Quarante-Heures.

Le lendemain de la fête, neuvième du même mois, fut chômé très exactement par l'ordonnance de Mgr de Rennes et par la diligence de la police, auxquels s'accordèrent l'inclination des artisans...

Environ les huit heures du matin, les Religieux, les paroisses et MM. du Parlement vêtus de robes noires, et MM. du Siège et de la Ville se rangèrent à Saint-Pierre, d'où la procession partit au même ordre qu'elle avait gardé la veille, et passant par les rues de la Mitrerie, de la Pompe, se rendit par les ponts neufs à la porte de Toussaints, par laquelle elle sortit et s'alla rendre à la maison de Santé...

On voyait à la porte de la chapelle bâtie dans le cimetière un autel richement tendu de noir et armoyé des armes de Mgr l'Évêque, qui porte *d'azur à une rencontre de cerf d'or et entre les branches une hermine d'argent.*

On avait dressé des tentes de blanc dans le cimetière et assez proche de l'autel, sous lesquelles il y avait des sièges pour le Clergé, le Parlement et la Ville, lesquels s'y placèrent en fort bel ordre; de là mondit seigneur commença pontificalement le Sacrifice de la Messe pour la propitiation et la délivrance des âmes de ceux qui étaient trépassés durant la calamité de la peste. Cette messe dite et la recommandation pour les défunts ayant été faite, la procession s'en retourna à Saint-Pierre.

L'après-dînée du même jour furent continuées les disputes de théologie en l'école de Bonne-Nouvelle, sous les auspices de Notre-Dame, à laquelle les thèses furent dédiées.

Le P. Antonin Moreau, prieur du couvent de Vitré, fit la prédication, à l'issue de laquelle la musique chanta les Vespres et le Salut de Notre-Dame et du Saint-Sacrement, de sorte que la nuit surprit les religieux et le peuple dans ces actions de dévotion.

Le dimanche 10 septembre (1634) fut célébré dans la continuation du triomphe...: la Compagnie des cent enfants de la ville et celle des vingt-quatre anges qui portaient les boucliers et accompagnaient le Vœu s'étant ralliées dans le collège des Jésuites, en partirent pour aller rendre leurs vœux à Notre-Dame ; elles étaient devancées par une bande de hallebardiers de la ville et par les hautbois du Poitou, habillés comme le jour du Vœu. Six Pères Jésuites donnaient ordre à la conduite de ces deux belles Compagnies. Celle des anges marchait la première, celle des enfants divisée en douze décuries, chacune desquelles suivant sous son enseigne...

Entrant dans la chapelle de Notre-Dame, les vingt-quatre anges allèrent mettre les vingt-quatre boucliers, qui représentaient autant de miracles, sur les marchepieds de l'autel.

Le P. Grand-Amy, recteur du collège, célébra la messe, pendant que la musique chantait comme on voit en la chapelle du roi. A la fin de la messe ils firent tous communion en l'ordre qu'ils avaient tenu, puis s'étant retirés dans le chapitre pour faire leurs actions de grâces, ils reprirent leurs files et leurs ordres pour s'en retourner par-devant l'autel de Notre-Dame.

Les Pères de Bonne-Nouvelle avaient préparé des crochets dans les jambages de vitres de la chapelle pour y attacher ces guidons comme trophées de la dévotion de tout le collège de Rennes, représenté en ces deux belles Compagnies; ils s'y voyaient avec leurs devises...

Sur le premier guidon, porté par Christophe Fouquet, fils de M. le Président de Chalain, on avait dépeint Notre-Dame tenant son enfant en ses bras et foulant à ses pieds une lune, image d'inconstance, et pour devise : *A la Mère de Dieu chasse-mal.*

Au deuxième, un candélabre d'or à sept branches, chandelier d'or.

Au troisième, une couronne d'or avec

cette devise : *La Couronne de tous les saints.*

Au quatrième, un jardin fermé avec cette devise : *Au Jardin clos.*

Au cinquième, un miroir avec cette devise : *Miroir de justice.*

Le sixième avait une étoile rayonnante avec cette devise : *L'Étoile du matin.*

Au septième, l'astre du jour avec cette devise : *Élue comme le soleil.*

Dans le huitième, on voit la face argentée de la lune avec ces mots : *Belle comme la lune.*

Au neuvième, une fontaine close avec cette inscription : *La Fontaine cachetée.*

Le dixième montre une forteresse avec cette devise : *La Tour de David.*

Le onzième représente une porte avec cette devise : *La Porte du Ciel.*

Le dernier fait voir une belle rose avec ces paroles : *La Rose mystique.*

La fin de cette cérémonie fut le commencement de la grande messe, dite en musique. A deux heures de relevée, on chanta vespres, puis la prédication fut faite par Missire Pinsard, qui nous dit dans sa brochure : « Je finis par des souhaits à ce que la ville de Rennes, représentée en argent, fût comme un talisman dressé sous les influences de Notre-Dame, astre toujours favorable qui lui rendît et lui conciliât les bonnes impressions des éléments, les regards favorables des corps célestes, et les faveurs des hommes, des anges et de Dieu. »

Le reste de la journée, jusque dans la nuit, fut occupé par la solennité du salut de Notre-Dame et par celui du Saint-Sacrement, durant lesquels notre musique se montra autant ingénieuse à trouver des ragoust d'oreilles par des accords rares et inouïs, qu'infatigable à fournir au travail.

La fête continua encore le lundi, et après le salut de Notre-Dame on fit la clôture de toute la cérémonie et des Qurante-Heures par une superbe procession, en laquelle fut solennellement porté le Saint-Sacrement autour des cloîtres, qui étaient si richement tapissés qu'ils pouvaient être mis en parangon avec le chœur.

Ainsi fut close cette pompe de triomphe du Vœu, la plus magnifique que nous avons vue en ce royaume, ni lue dans les histoires, accompagnée des miracles visibles du ciel, en ce que parmi un si grand peuple on ne vit pas un seul tumulte, et quoique le pain lui manqua dès le vendredi, il ne fit aucun désordre, tant la dévotion l'emportait sur la nécessité ; les querelles, les ivrogneries et les débauches, qui profanent les plus saintes de nos solennités, furent si entièrement bannies de celle-ci que l'on peut le rapporter comme à un miracle obtenu de Dieu par les prières de Notre-Dame.

Les jours suivants, le sieur de Montival, lequel a, durant les quatre ou cinq premières années de la contagion, gouverné la Santé de Rennes, vint dévotement à l'autel de Bonne-Nouvelle, et après y avoir entendu le Sacrifice Divin, y appendit la clé de la Maison de Santé, avec une prodigieuse et longue filée de clés des cadenas qui ont servi durant la peste pour fermer les maisons suspectes et infectées...

FRUITS A TIRER DE CETTE HISTOIRE

Premier fruit. — C'est de considérer que la bonté divine est si abondante qu'elle convertit les maux des hommes en matière de sa gloire et de leur utilité.

Deuxième fruit. — Vous contemplerez comme le Vœu est agréable à Dieu, puisque à peine était-il conçu dans l'âme de MM. de Rennes qu'ils expérimentèrent son secours.

Troisième fruit. — Vous considérerez combien est puissante l'intervention de Notre-Dame, en quelque lieu de la terre qu'elle ait des autels, puisque Dieu, après avoir guéri le monde par son entremise, a en quelque sorte voulu, comme un autre Salomon, partager son empire avec elle.

En la seule contemplation du Vœu nous pouvons apprendre que Notre-Dame de Bonne-Nouvelle, fondée par la dévotion d'un prince et d'une princesse, honorée autrefois par Anne de Bretagne, recommandée par le bienheureux évêque Yves Mahyeuc, implorée ces années passées pour la santé de notre invincible et religieux monarque par sa chaste épouse..., nous invite à rechercher et à recevoir ses faveurs..., elle nous montre tous ces vœux appendus à son autel, pour monument des grâces qu'elle a faites et pour celles qu'elle nous veut faire.

ÉGLISE PAROISSIALE DE SAINT-AUBIN

CHAPITRE IV

Le Vœu de Bonne-Nouvelle depuis 1634 jusqu'à sa destruction en 1794 [1].

Après le dépôt du Vœu dans la chapelle de leur couvent, les Dominicains de Bonne-Nouvelle s'engagèrent « formellement, pour eux et leurs successeurs, à ne jamais le transporter ailleurs, en tout ou en partie, nonobstant laps de temps, ordonnance de leurs supérieurs, encore famine ou autre nécessité, et quelque prétexte que ce soit. »

---

1. Les renseignements contenus dans ce chapitre sont principalement extraits du livre très documenté de dom Plaine sur l'*Histoire du culte de la Sainte Vierge à Rennes*.

Mais cette grande solennité de 1634, cette miraculeuse intervention de Marie allait-elle tomber dans l'oubli qui attend parmi nous toutes les choses dont on ne réveille pas incessamment le souvenir ?

Dès le 4 septembre, le procureur syndic, dans une réunion de la Communauté de Rennes, remontra d'après de compétents avis « qu'il serait à propos de renouveler chaque année le vœu offert à la Vierge..., et proposa de faire une fondation à l'effet d'assurer l'accomplissement de ce vœu. »

Cette proposition fut bien accueillie et la Communauté de Rennes s'engagea à célébrer solennellement chaque année la fête du 8 septembre.

Le renouvellement annuel de la procession votive du 8 septembre 1634 fut assuré par la fondation de Mgr Pierre Cornulier.

Voici un extrait de l'acte proposé par l'évêque de Rennes en septembre 1635 :

« Comme il n'y a point d'expédient ni moyen plus certain pour tenir la santé *(dont on jouit maintenant par un miracle évident de la Sainte Vierge)* ferme et stable en cette ville, avecques toutes sortes de bénédictions, que de renouveler tous les ans, au nom de tous les ordres de la ville, les soubmissions et reconnaissances dues à Notre-Seigneur et à la Sainte Vierge, à l'imitation de l'Église, qui renouvelle tous les ans ses fêtes..., ledit seigneur Évêque propose à ce dessein une fondation annuelle et perpétuelle, qu'il fera lui-même à ses frais, si MM. du Chapitre et MM. de la Ville veulent bien l'avoir pour agréable.

« La fête du 8 septembre devra se célébrer à l'église cathédrale avec la même solennité que les plus grandes fêtes de l'année..... MM. de la Communauté de la Ville assisteront en corps à la grand'messe, qui sera célébrée par le sieur Évêque, si faire se peut... A l'issue de la messe, procession solennelle de la cathédrale à l'oratoire de Notre-Dame du Vœu. Enfin, à six heures du soir, salut solennel avec prières particulières tant pour la santé et prospérité des habitants de Rennes, que pour le repos éternel de ceux qui par le passé sont morts victimes de la peste. »

Pour cette fondation, l'évêque offrait une rente annuelle de 40 livres. La première moitié de cette somme était pour le haut chœur, la deuxième pour le chœur inférieur. L'office du jour, messe et vespres, coûtait 30 livres, et le salut 10 livres seulement.

Comme seconde fondation, Mgr Pierre Cornulier proposa « d'employer les deniers qui restaient de la collecte générale (faite pour payer les frais du Vœu d'argent) à construire une chapelle ou autel du Vœu dans son église cathédrale. »

Le Chapitre et la Ville devant concourir à cette construction, il fut réglé qu'on placerait dans cette chapelle les armes du roi en alliance de Bretagne, ainsi que celles de l'Évêque, du Chapitre et de la Ville.

Pierre Cornulier, à son décès, arrivé en 1639, fut inhumé dans cette chapelle avec cette simple épitaphe : « *Petrus peccator Episcopus hic resurrectionem expectat.* » Cette chapelle a été démolie avec l'ancienne cathédrale, en 1755.

De son côté, la Communauté de Rennes fit passer, le 27 novembre 1635, l'acte suivant :

« Les Pères Dominicains..., pour contribuer à la mémoire de la solennité du 8 septembre et rendre mémorable le miracle de la délivrance de la contagion, qui arriva sitôt incontinent que le dessein du Vœu eût été formé..., se sont volontairement obligés envers MM. de Rennes à célébrer chacun an à jamais, à perpétuité, au 8 septembre, à huit heures du matin, une messe solennelle à haute voix..., et le lendemain, à neuf heures, une messe de *Requiem*..., pour le repos des âmes de tous les habitants trépassés... Et pour les y obliger, MM. de Rennes se sont départis des procès et prétentions qu'ils avaient d'astreindre lesdits religieux au paiement des devoirs et écluses. »

Cette procession du 8 septembre eut lieu annuellement jusqu'à la Révolution, et même en 1789-90-91-92 le maire et le Conseil Municipal y assistèrent.

En 1668, le bruit s'étant répandu que la peste sévissait en Normandie, la procession du 8 septembre se fit avec une solennité particulière. Le Vœu monumental fut retiré de son sanctuaire et porté triomphalement, comme en 1634, sur les épaules des échevins, à travers les rues magnifiquement tendues. L'évêque de Thore (Tarbes) présida la cérémonie, en l'absence de Mgr de la Vieuville, évêque de Rennes.

Ce ne fut pas en 1734, mais bien en 1740, que l'on célébra le centenaire du triomphe du Vœu déposé à Bonne-Nouvelle. A l'occasion de cette fête religieuse, le narrateur de l'époque s'exprime ainsi : « Depuis plus d'un siècle, nous sommes aussi édifiés que le public de la pieuse exactitude avec laquelle vous venez tous les ans renouveler ce même vœu au pied de nos autels. »

Le 7 septembre, toutes les cloches sonnèrent à toute volée durant une heure. Le 8, dès sept heures du matin, le Corps de Ville alla entendre une première messe chantée en musique à Bonne-Nouvelle, puis une autre messe à la cathédrale.

Huit échevins transportèrent le Vœu à la cathédrale, où la Communauté de Ville, le Parlement et le Présidial se rendirent, vers deux heures et demie, pour assister aux vêpres, puis à la procession. Les rues étaient ornées et tendues comme pour la Fête-Dieu. Cette procession fut la reproduction de celle de 1634.

La foule était si compacte en l'église de Bonne-Nouvelle qu'on ne put pas la traverser pour remettre le Vœu à sa place accoutumée ; il resta au milieu du chœur jusqu'au 11 septembre, dernier jour des Quarante-Heures, et le Corps Municipal revint assister au replacement du Vœu.

Ces solennités si édifiantes amenèrent un renouvellement très marqué de la piété des habitants de Rennes et des villes voisines.

En 1768 eut encore lieu une procession très solennelle pour conjurer la famine, les récoltes se trouvant compromises par des pluies et des orages continuels.

Au moment de la Révolution française, tant que les Girondins restèrent au pouvoir, le gouvernement ne refusa pas de donner à l'occasion des marques de respect pour les choses saintes, ni même de prendre part officiellement aux cérémonies du culte.

Au mois de juillet 1790, le Vœu de Bonne-Nouvelle fut exposé publiquement, par ordre de l'autorité municipale, afin de satisfaire à la piété du peuple qui craignait pour les moissons, menacées par une longue sécheresse.

En 1791, le maire, M. de Talhouët, assista à la procession du 8 septembre, avec les membres du Conseil Municipal.

La procession du Vœu eut également lieu en 1792.

Enfin, même en 1793, le 13 août, l'évêque constitutionnel Le Coz écrivit au Conseil Municipal de Rennes une lettre contenant ces mots : « Les citoyens évêque et ses vicaires ont l'honneur, citoyens, de vous inviter à assister, suivant l'usage non interrompu, à la procession générale qui aura lieu le 15 de ce mois. Elle sortira à quatre heures de l'après-midi de l'église des Cordeliers et se rendra à celle de Saint-Pierre (Saint-Sauveur). » Cette lettre, il est vrai, resta sans réponse. Un arrêté ferma au public l'oratoire de Bonne-Nouvelle.

Carrier vint à Rennes en septembre 1793 ouvrir l'ère de la Terreur, qui subsista jusqu'au 9 thermidor an II (1794, juillet). Les sanctuaires de Notre-Dame de la Cité et de

Bonne-Nouvelle furent profanés et souillés ; le Vœu de 1634 fut vendu à l'encan et détruit. La statue miraculeuse de Saint-Sauveur fut brisée. Le tableau vénéré de la Vierge de Bonne-Nouvellle échappa seul au désastre. Un pieux jardinier, nommé Garel, demeurant rue Basse, enleva nuitamment ce tableau et le cacha pendant la Révolution. Ce fait eut lieu entre le 13 février et le 20 avril 1793.

Le 15 floréal an II (4 mai 1794), le Conseil Général de la commune de Rennes, sous la présidence de Leperdit, maire de la ville, après avoir entendu l'agent national (Hervé), considérant l'inutilité de conserver un objet qui ne sert qu'à laisser une trace du fanatisme et qu'il est intéressant de l'anéantir pour le bonheur et la tranquillité publique, arrête : que la vente du Vœu d'argent de 1634 sera faite pour la valeur en être versée dans la caisse du receveur de la commune (le citoyen Louis), et charge le citoyen Bouguet de voir les orpheuvres et de le livrer à ceux qui en donneront le plus.

L'essai de vente dura deux mois ; personne ne voulait se rendre acquéreur du Vœu. Il fut enfin adjugé, le 30 juin 1794, au nommé Autman, juif allemand, qui le paya moins de 6,000 fr. et le brisa avant de le fondre. Ce fait a été confirmé à M. le curé de Saint-Aubin par la fille Autman, morte à l'hôpital Saint-Melaine, où elle a dit « qu'elle se souvenait d'avoir joué dans son enfance avec les morceaux du Vœu. »

CHAPITRE V

Miracles, Indulgences, Prières.

Autrefois, les habitudes de dévotion et la pratique des pèlerinages aux sanctuaires renommés étaient plus générales qu'elles ne le sont actuellement. Mais ceux d'entre les pèlerins qui obtenaient des grâces particulières avaient coutume de déposer simplement un ex-voto, sans laisser de traces écrites du fait miraculeux dont ils avaient bénéficié. Voilà pourquoi nous avons peu de documents précis au sujet des nombreux miracles obtenus au sanctuaire de Bonne-Nouvelle : « Dévote et miraculeuse chappelle, où la Mère de Dieu est réclamée de toute la Bretagne, d'où on vient en pèlerinage à ce saint lieu, et y reçoit-on plusieurs grâces et faveurs, comme témoignent le grand nombre de vœux, *chasses de morts, anilles,* chaisnes, sacs à procès, *membres* et autres représentations en cire, offerts par ceux qui ont expérimenté en soi ou autrui les effets des intercessions de Nostre-Dame de Bonnes-Nouvelles. »

Tous ces objets, qui depuis ont aussi disparu, ne donnaient d'ailleurs ni les noms des déposants, ni la date des faits qui avaient motivé ces dépôts.

Lorsque l'Église s'occupe de rechercher et de constater officiellement les miracles qui permettront de glorifier un défunt jusqu'au point de lui accorder la dignité de saint vénéré dans la chrétienté, elle fait procéder à des enquêtes qui ont généralement lieu avant la disparition des témoins pouvant déposer utilement et pertinemment des faits à contrôler. Les enquêtes testimoniales deviennent inutiles quand il s'agit de vérifier l'exactitude de faits remontant à plusieurs siècles.

Voilà pourquoi il nous est actuellement

impossible de dresser une liste générale des miracles obtenus au sanctuaire de Bonne-Nouvelle.

Cependant, vers la fin du xvie siècle ainsi qu'au xviie et au xviiie, plusieurs pèlerins, après avoir obtenu au sanctuaire de Bonne-Nouvelle la guérison par eux demandée, sont allés, en quittant cette chapelle, devant un notaire de Rennes pour lui faire le récit de ce qui venait d'avoir lieu à leur profit. L'officier public dressait procès-verbal de ces déclarations, puis déposait ces documents aux archives du couvent des Pères Dominicains.

Malheureusement pour l'historien, ces archives ont été en grande partie détruites au moment de la Révolution, et beaucoup de procès-verbaux notariés ont disparu. Quelques-uns d'entre eux ont cependant échappé à la destruction et permettent d'établir plusieurs faits miraculeux.

Le P. Pinsard, dans sa brochure, écrite aussitôt après le Vœu de 1634, signale vingt-six faits miraculeux, reproduits sur des tableaux que l'on porta lors de la procession solennelle du 8 septembre. Voici la liste qu'il donne, page 43 et suivantes :

Le premier tableau contenait l'histoire de la délivrance de Julien Leroy, de Planguenoual, diocèse de Saint-Brieuc, délivré des mains des Turcs et Barbares par les mérites de Notre-Dame de Bonne-Nouvelle. (Déclaration du 13 avril 1620.)

Le deuxième portait la guérison de dom Macé-Carfentan, prestre de Saint-Guenan-Bihan, évêché de Saint-Brieuc, guéri d'un ulcère incurable à la jambe. (Déclaration du 16 novembre 1619.)

Le troisième, un échappé des fers et du danger de la mort. (27 juillet 1621.)

Le quatrième, Jean Guilleu, sauvé d'un naufrage sur la Drôme, près Valence. (14 juin 1620.)

Le cinquième, Jeanne Rebmovage, de la paroisse de Saint-Pierre en Saint-Georges, à Rennes, aveugle guérie par l'intercession de Notre-Dame de Bonne-Nouvelle. (Déclaration du 28 aoust 1621.)

Le sixième, Gilles Lavandé, de Dinan, avait recouvert la santé, la vue et l'esprit. (Déclaration du 20 aoust 1621.)

Le septième, Jean Brignon, sieur de la Bégace, guéri d'une maladie incurable, et demoiselle Perrine Ecasier, sa femme, guérie de la peste. (Déclaration du 10 juillet 1622.)

Le huitième, Jean Delaunay, de Rennes, tombé dans un puits effroyable, sauvé par les prières à Notre-Dame de Bonne-Nouvelle. (Déclaration du 13 janvier 1623.)

Le neuvième, la guérison de Pierre Cocqueu, sieur des Cormiers, perclus de tous ses membres. (Déclaration du 13 janvier 1623.)

Le dixième, Françoise Couaron ou Coiron, hôtesse de la Bannière, rue de la Fannerie, à Rennes, ayant demeuré morte et ensevelie dans un cercueil l'espace de deux jours ; le convoi assemblé pour la porter en terre, ses parents l'ayant vouée à Notre-Dame de Bonne-Nouvelle, elle ressuscita. (Déclaration du 13 janvier 1623.)

Le onzième, la même, délivrée de rechef de la mort. (Déclaration du 13 janvier 1623.)

Le douzième, Yves Picquaut, de Rennes,

guéri des gouttes. (Déclaration du 13 janvier 1623.)

Le treizième, Jeanne Richard, fille des sieur et dame de la Nos, demeurant à la Tête-Noire, à Rennes, tombée dans un puits profond de soixante pieds, se relève sur un bâton d'ivoire qui lui fut présenté miraculeusement après qu'elle eut invoqué Notre-Dame de Bonne-Nouvelle.

Le quinzième, Jean Leconte, délivré des Turcs. (Vœu du 15 octobre 1622, déclaration du 19 décembre, même année.)

Le seizième, Jean du Terget, de Vitré, sauvé du naufrage de la mer par vœu de visiter Notre-Dame de Bonne-Nouvelle. (Déclaration du 16 février 1623.)

Le dix-septième, Jacques Gaultier de Québriac, perclus, guéri d'une maladie incurable. (Déclaration du 2 juillet 1622.)

Le dix-huitième, Herbert (Guillaume), charpentier, occupé des réparations à la chapelle de Bonne-Nouvelle, reçoit un sommier pesant quelque trois pipes de vin, qui en tombant ne le blesse pas. (Déclaration du 16 janvier.)

Le dix-neuvième, une petite fille de Denis

Jouauld, marchand de Saint-Herblon, percluse et fort tourmentée de maladie, guérie sur promesse de vœu, puis retombée faute d'accomplissement de ce vœu, enfin guérie par visite à Notre-Dame de Bonne-Nouvelle. (Déclaration du 10 décembre 1623.)

Le vingtième, Robert, seigneur de Saint-Denis-Dorblon, diocèse du Mans, guéri d'une rétraction de nerfs au genou. (Déclaration du 5 mai 1623.)

Le vingt-et-unième, Pierre Cordonnier, en danger de se noyer dans la rivière de Vilaine. (Déclaration du 20 novembre 1632.)

Le vingt-deuxième, Gilles des Loges, prêt de faire couper la jambe de Jacques des Loges, son fils, perclus et malade de cette partie-là, le voue à Bonne-Nouvelle, l'y apporte et il recouvre la santé. (Déclaration du 30 mai 1633.)

Le vingt-troisième, Perrine Chapelle, Rochelaise, impuissante de ses membres, portée sur une civière et conduite à l'aide de ses anilles et d'une femme devant l'autel de Notre-Dame de Bonne-Nouvelle, y fait sa prière, recouvre la santé, laisse ses anilles et s'en retourne pleine de bonne disposition. (Miracle approuvé par Mgr l'évêque de Rennes, le 10 décembre 1624.)

Le vingt-quatrième, Louise Leduc, de Pleudihen, guérie d'une maladie inconnue des médecins et incurable, apportée à Bonne-Nouvelle où, ayant fait sa prière, elle recouvra la santé à la vue d'un grand nombre de peuple. (Miracle approuvé par Mgr l'évêque de Rennes, le 14 octobre 1626.)

Dans le *Calendrier historial de la Glorieuse Vierge Marie,* par Vincent Charron, chanoine de Saint-Pierre de Nantes, édition rarissime de 1637, dont le savant historien de Bretagne, M. de la Borderie, possède un exemplaire, on trouve des détails sur plusieurs de ces miracles. Les voici, tels qu'ils nous ont été gracieusement communiqués. Nous les reproduisons pour ceux des faits miraculeux dont les procès-verbaux ne se trouvent plus aux archives de l'ancien couvent de Bonne-Nouvelle, et dans l'ordre indiqué par le P. Pinsard, à la page 43 de sa brochure.

PREMIER FAIT (27 juillet 1621).

D'un prisonnier miraculeusement délivré.

Pierre Chaignon, de la parroisse de Coullamer au diocèse du Mans, ayant pour quelque sinistre accident esté constitué prisonnier en la Feuillée[1] de Rennes, et se voyant en hazart d'estre condamné à la mort, se recommanda de tout son cœur à la Très Saincte Vierge Mère de Dieu, faisant vœu de visiter son église de Bonnes-Nouvelles, si elle le délivrait de cette captivité et du péril de la mort ainsi qu'il l'espérait fermement. Sa confiance au secours de la Saincte Vierge ne fut pas vaine, car ores qu'il n'y eût guère d'apparence, elle mesnagea si bien l'affaire de son client qu'elle le mit en peu de jours en pleine liberté. En reconnaissance de quoy il fit faire une image de cire jaune qui le représentait et la présenta à Nostre-Dame de Bonnes-Nouvelles près Rennes, avec deux cierges de mesme cire,

---

1. Prison criminelle.

pour accomplir son vœu, remerciant Dieu et la Saincte Vierge, de tout son cœur, de sa délivrance, dont il laissa acte passé par mains de notaires à tel jour l'an 1621, aux Religieux du couvent de Bonnes-Nouvelles. (P. 495.)

Deuxième fait (14 juin 1620).

Un homme préservé du naufrage par Nostre-Dame de Bonnes-Nouvelles.

Jean Guilleu, maistre serrurier, natif de la ville de Vitré, parroisse de Nostre-Dame, de la rue du Rachart, estant un jour au pays de Dauphiné, à trois lieues de Valence, il se rencontra au passage de la rivière du Rosne, vis-à-vis du chasteau de la Falezze, et se voulant embarquer pour aller coucher au village de Londreau, qui est à une lieue de là, il fallut qu'il passast à gué une queüe d'eau contenant environ quarante pieds de large, et tandis qu'il passait, ce bras d'eau s'enfla tellement par la fonte des neiges qui estaient sur une montagne voisine, qu'il se trouva en hasard de se noyer, sans qu'il eût recours à la Saincte Vierge et implora son secours en ce danger éminent, lui promettant de faire le voyage de Bonnes-Nouvelles près Rennes en Bretaigne, si elle le délivrait de ce péril. Incontinent après qu'il eut fait son vœu, il fut miraculeusement jetté sur terre ferme, d'où le vaisseau qu'il allait chercher le vint après délivrer, car ce lieu estoit environné d'eau. Tous ceux qui estoient dans ce batteau, environ trente personnes, pensoient ce pauvre homme mort, et déjà avoient recommandé son âme à Dieu. Il vint accomplir son vœu à Nostre-Dame de Bonnes-Nouvelles le 14ᵉ jour de juin, l'an 1620. (P. 390, 4-2.)

Troisième fait (15 juillet 1621).

D'un jeune garçon guéry d'une maladie d'esprit et recouvré la veüe, à l'invocation de Nostre-Dame de Bonnes-Nouvelles.

Jean Lelavande, marchand, demeurant en la ville de Dinan, évesché de Saint-Malo en Bretagne, avoit un fils nommé Gilles, âgé de onze ans, lequel étoit tombé en une griefve maladie inconnue, par laquelle il perdoit la veüe et le jugement, ne peut être secouru d'aucun remède corporel, ce que voyant, le pauvre père affligé, il adressa ses vœux à la Glorieuse Vierge, et luy promit, au cas qu'elle guéryroit son fils, de venir visiter sa Maison de Bonne-Nouvelle près Rennes. Chose merveilleuse ! il n'eust pas plustôt achevé sa promesse et son vœu que son fils retourna en son bon sens, recouvra la veüe et fut en même temps parfaitement guery. Le père et le fils accomplirent leur vœu à tel jour l'an 1621, et laissèrent aux religieux de Bonne-Nouvelle attestation bien vérifiée de ce miracle. (P. 466, 6-3.)

Quatrième fait.

Jean Brignon, sieur de la Bégace, atteint en 1598 d'une maladie incurable et délaissé des médecins, recommandé par un ami à Nostre-Dame de Bonnes-Nouvelles, incontinent fut parfaitement guery, et en 1622,

Perrine Rafier, sa femme, fut préservée et délivrée de la peste, par elle contractée en soignant des malades.

Cinquième fait.

Pierre Cocqueu, sieur des Cormiers, résidant en la maison de la Fontaine, près la Reverdiaye, au diocèse de Rennes en Bretagne, étant demeuré perclus de tous ses membres depuis quelques mois et n'ayant pu trouver remède aucun en tout l'art de la médecine, eut recours aux mérites de la Très Saincte Mère de Dieu, à laquelle il se recommanda avec grande confiance, et s'étant fait apporter en son église de Bonnes-Nouvelles lez Rennes, il redoubla ses prières, la suppliant de luy obtenir guérison. Comme il parachevait sa prière, il se trouva soudainement guéry, et après avoir rendu grâces à la Très Saincte Mère de Dieu, il s'en retourna sain et gaillard dans sa maison et à beau pié. (P. 355, 3-5.)

Sixième fait (octobre 1621).

D'un jeune homme délivré des Turcs et du danger d'être submergé en la mer, y étant tombé.

L'an 1621, au mois d'octobre, Jean Lecomte, marchand, retournant de Terre-Neuve dans un navire nommé le *Petit-Saint-Louis*, chargé de mourue, faisant route pour la coste d'Espagne, apperceut un vaisseau turc qui couroit après lui à pleines voiles pour tascher de l'attraper. Ceux qui estoient dans ce navire françois, se voyant ainsi poursuivis, commencèrent à mettre les voiles au vent, et tourner la proüe vers la prochaine terre qu'ils descouvriroient, dont ils n'estoient esloignez que de seize lieues. Et comme, en telle extrémité, chacun d'eux pensoit à la conservation du vaisseau, le susdit Jean Lecomte monta à la hune pour desployer la voile de la petite *beauprelle;* mais à peine l'eût-il désamarrée, que la courbe sur laquelle il avait les deux piés se rompit et il tomba dans la mer; en mesme temps il s'éleva un tourbillon de vent qui remplissant les voiles, emporta si loin le navire, que devant que ce jeune homme peut lever les yeux, il le devançoit de la portée d'un traict d'arc. Ceux du vaisseau, s'appercevant de son infortune, ne pouvant retourner en arrière, tant pour la crainte du vaisseau turc qui les poursuivoit que pour la violence du vent qui les poussoit rudement, lui jettèrent un aviron. Le jeune homme cependant se voyant réduit à telle extrémité, prest à estre suffoqué dans les ondes où il demeura trois grosses heures chargé de ses habits, se voüa à Nostre-Dame de Bonnes-Nouvelles, implorant son secours, et tout à l'instant le courage luy revint, et rencontrant cet aviron qui luy avait esté jetté, l'empoigna et s'agença dessus du mieux qu'il peust, implorant sans cesse l'aide de la Très Saincte Vierge. Cependant son vaisseau aborda à la prochaine terre, celuy des Turcs le poursuivant toujours en pleine mer à force de voiles et de rames. Le vaisseau françois, voyant avoir eschappé les pirates, retourna sur la route qu'il avoit tenue, la tempête accoisée, pour voir s'il trouveroit son marchand, qu'il apperceut au haut d'une grosse vague flottante ; on vint vers lui à force de rames, et l'ayant attrapé, on le receut dans le navire avec estonnement de ce qu'il n'estoit noyé dans les ondes. Estant revenu avec ses matelots à bord, il rendit grâces à Dieu et à la Saincte Vierge d'avoir esté préservé par la grâce divine de deux évidens dangers, dont estant de retour en son pays, il vint le 19ᵉ de décembre l'an 1622 accomplir son vœu à Nostre-Dame de Bonnes-Nouvelles lez Rennes, où il rendit grâces à Dieu et à Sa Très Saincte Mère, *tout nud en chemise*, d'un bénéfice si signalé. (P. 853, 15-6.)

Septième fait (2 juillet).

Jacques Gautier, de Guesbriac, en l'evesché de Saint-Malo, ayant une douleur si grande en un genouil, qu'il ne pouvoit aller ni à pied, ni à cheval, l'espace de quatre ans durant, fit vœu de faire le voyage de Nostre-Dame de Bonnes-Nouvelles lez Rennes et d'y faire célébrer la Saincte Messe, si cette sacrée

Vierge lui obtenoit la guérison de son mal, et au mesme temps qu'il eut fait son vœu il se trouva si parfaitement guery, qu'en peu de temps il fit le voyage à pié, comme il avoit promis, et accomplit son vœu le jour de la Visitation de Nostre-Dame. (P. 439, 17-7.)

Huitième fait (5 mai 1623).

Un jeune garçon nommé Robert Seigneur, âgé de dix-sept ans, de la paroisse de Saint-Denis de Gastine, diocèse du Mans, ayant été l'espace de quatre mois tellement travaillé de mal dans un genouil par un raccourcissement de nerfs, qu'il ne pouvoit du tout marcher, et ayant ouï faire récit des miracles qui s'opéroient à Notre-Dame de Bonnes-Nouvelles lez Rennes, il se recommanda aussitôt à la Consolatrice des affligés et fit vœu d'y faire le voyage sitost qu'il pourroit marcher; incontinent qu'il eut achevé de faire son vœu, il commença à se bien porter et en peu de jours fut entièrement guery. Il vint à Bonnes-Nouvelles nuds-pieds et en chemise accomplir son vœu et remercier Dieu et la Vierge de sa guérison, le 5ᵉ de may, l'an 1623. (Page 395, 20-8.)

Neuvième fait (7 juin 1625).

Louyse Le Duc, fille de Pierre Le Duc, couvreur d'ardoise, et de Thomasse Hullaud, du bourg de Pludien, diocèse de Dol, estant âgée de quatorze à quinze ans, fut affligée l'espace de deux ans entiers d'un tel mal de reins et d'estomach, avec une débilité de nerfs qu'elle ne se pouvoit aucunement mouvoir, de sorte que pendant le dict temps elle demeura toujours au lict avec de très grandes douleurs. Ayant oüy faire récit des grands miracles qui se font en la chappelle de Nostre-Dame de Bonnes-Nouvelles près Rennes, elle fit vœu de s'y faire porter, et de fait estant en chemin, elle se sentit grandement soulagée, à raison de quoi elle convia sa mère, qui la portoit, de la mettre à terre ; et de là en avant elle commença à cheminer toute seule, appuyée sur deux annilles, avec d'autant plus grand soulagement qu'elles approchoient de la dite ville de Rennes et de la chappelle susmentionnée, où elles arrivèrent le septième jour de juin 1625. Au même temps qu'elles entrèrent en l'esglise de Nostre-Dame de Bonnes-Nouvelles, cette fille sentit un frémissement avec une très grande douleur, comme si tous ses membres eussent esté disloquez et en devint toute esperdue et quasi hors d'elle-même. Puis un instant estant retournée à soy, elle marcha plus librement et sans sentir douleur aucune. De sorte qu'ayant oüy la messe et fait ses prières à Dieu et à la Saincte Vierge, elle se trouva parfaitement guérie, en foy de quoy elle laissa ses annilles devant l'autel de Nostre-Dame. Mgr l'évesque de Rennes a approuvé ce miracle, après les informations dûment faites par les juges royaux. (P. 377, 24-9.)

Le *Calendrier historial de la Glorieuse Vierge Marie* mentionne, en outre des faits qui précèdent, trois autres miracles. L'un de ceux-ci, concernant Yves Picault, sera donné d'après le procès-verbal actuellement aux Archives d'Ille-et-Vilaine. De même pour le

6*

miracle concernant la résurrection de Françoise Couaron. Voici le troisième :

(6 juin 1597). — Thomas Champrond, de la paroisse de Betton au diocèse de Rennes, s'en allant en sa maison le lendemain de la Feste-Dieu, le 6ᵉ jour de juin l'an 1597, fit rencontre d'un grand nombre de soldats à l'entrée de la lande de la Hamonaye, lesquels après l'avoir despouillé de tous ses habits et luy avoir osté son argent, l'outragèrent si fort qu'ils lui rompirent deux costes et cinq dents de sa bouche, puis le traisnèrent jusques à Betton, où ils le maltraitèrent encore davantage, et lui lians les mains derrière le dos, les cuisses et les jambes, lui demandaient cinq cents écus de rançon, à faute de quoy ils le menaçaient à pendre le lendemain. Au milieu de tous ces tourmens, le pauvre homme demanda pardon à Dieu de tous ses péchez et fit vœu à Nostre-Dame de l'aller visiter en sa Maison de Bonnes-Nouvelles, avant même que d'entrer dans aucune autre maison, si elle luy obtenoit la grâce d'eschapper d'entre les mains de ces brigans.

Il n'eut pas plus tost achevé son vœu que les cordes dont il avait les cuisses et les jambes liées se rompirent et tombèrent, les mains lui demeurant encore liées derrière le dos; mais cela n'empescha pas qu'à la faveur de la nuit, et tandis que tous ces voleurs dormoient, il ne se sauvast. Ayant enfin cheminé toute la nuit et traversé une rivière dans laquelle il estoit en l'eau jusques au menton, ayant toujours les mains derrière le dos, arrivé qu'il fut au prochain village, il se fit deslier les mains et paracheva heureusement son voyage à Nostre-Dame de Bonnes-Nouvelles près Rennes, et y porta les cordes avec lesquelles il était lié et celle avec laquelle les soldats le vouloient pendre.

Les procès-verbaux notariés portant le récit de miracles accomplis à Bonne-Nouvelle et encore déposés aux Archives départementales d'Ille-et-Vilaine, liasse 1 H 5, n° 13, ne sont pas nombreux; beaucoup d'entre eux ont disparu pendant la période révolutionnaire, où les souvenirs du passé ont été si cruellement atteints. Ceux qui subsistent actuellement donnent parfois sur les faits miraculeux qu'ils mentionnent des détails très complets. Citons-en quelques-uns :

Miracle d'une femme ressuscitée après avoir été deux jours en châsse.

(*Année 1590.*) — Françoise Le Couaron, demeurant à l'hostel de la Bannière, rue de la Fannerie à Rennes, déclare que, environ l'an 1590, elle fut affligée d'une grande maladie, durant laquelle elle tomba en extase et comme morte. On l'ensevelit et mit aux chasses, la vigile de M. saint Jean-Baptiste, environ les cinq heures du soir. Deux jours après, à dix heures du matin, le convoi assemblé pour la conduire à la sépulture, une sienne sœur arriva qui toute éplorée et oultrée de douleur commença à dire : Hélas, mon Dieu, est-il possible que ma pauvre sœur soit morte ! il faut au moins que je la voie encore une fois. En ce disant, ouvre la chasse où elle reposoit, lève le suaire dessus la face, la voit raide, pâle, les yeux enfoncés effroyablement defaicts, enfin ce n'étoit plus en apparence qu'une carcasse de mort et un guadaure à vers. Impétueuse mort, fière et orgueilleuse, qui as dompté sous ta puissance les Césars..., tu n'as exempté de tes lois même le Fils de Dieu. Si est pourtant que la Mère de Vie t'arrachera des dents celle que tu as ravie. Tous les assistants émus à compassion. Les uns disaient : Eh bien, c'est un corps à qui il ne reste plus que la terre; les autres, plus tendrement touchés, réclamant l'aide de la Sainte Vierge, lui firent voir que si par ses prières leur parente pouvoit revenir en vie, qu'elle iroit la remercier et porter ses vœux et offrandes dans l'église de Bonne-Nouvelle. Quelque temps après, on l'entend se plaindre, on la découvre promptement, alors elle tira des soupirs si profonds et d'une voix faible et entrecoupée, demande revenant à vie : Qui m'a ensevelie, ainsi liée. On lui voulut dissimuler ce faict, de peur de lui donner horreur. Elle, inspirée de dévotion, dit : Si Dieu me donne la grâce de me lever d'ici, j'irai en voyage à Notre-Dame de Bonne-Nouvelle. Après sa santé recouverte, elle a accompli son vœu, porta et fit porter ses suaires et chasses en ladite église, où on les voit encore à présent (1622), et ladite Françoise est demeurée depuis ce temps grandement dévote à la Bonne Vierge.

Au mois d'août 1622, la même Françoise Couaron, alors âgée de soixante ans ou environ, dit que le dixième du dict mois elle fut si extrêmement malade que quittée et abandonnée de toutes sortes de médecins, voyant que tous leurs remèdes lui étoient inutiles, ses amis se résolurent à lui dire franchement qu'il falloit déloger de cette vie pour entrer en une meilleure et qu'il falloit se préparer à cela. Son mari était absent, qui fut cause que on voulut, pour la sûreté de ses biens, faire apposer les sceaux sur ses coffres et cabinets, lui faisant entendre que les médecins n'y avaient plus d'espérance. Comme elle reçoit cet arrêt, tant s'en faut qu'elle voulût l'exécuter, en appelle devant le tribunal de Dieu, met sa requête civile entre les mains de la Vierge, demande la vie et proteste que sa santé recouverte elle ira pieds nuds et en lange dans l'église de Bonne-Nouvelle. Son oraison achevée, il lui prit un petit sommeil, après lequel elle jeta deux pierres d'extrême grandeur ; aussitôt la voilà plus saine que jamais n'avoit été.

1621. — Jane Richard, fille d'Olivier Richard et de Guyonne Neveu, sieur et dame de la Noe, demeurant au logis de la Teste-Noire, près le forsbourg Saint Michel à Rennes, âgée de onze ans, tombée dans un puits de soixante pieds d'eau, au mois de septembre 1621, se recommande à Notre-Dame de Bonne-Nouvelle et prend son chapelet ; incontinent surgit à fleur d'eau et se soutient d'un petit bâton d'ivoire, ayant un petit bourdon au bout, qui lui est présenté sans savoir de la main de qui et signifie à nombre de personnes qui étoient près du puits qu'elles n'eussent point peur, et que grâce à Dieu et à la Vierge Marie elle n'avoit aucun mal.... (un homme étant descendu pour la remonter) estant le dict homme rez l'eau, dict qu'il ne vit le dict bâton d'ivoire, d'où il appert que c'est une œuvre particulière de Dieu, et estant la dite Jane hors le puits, réitéra et confirma son vœu faict à

Nostre-Dame de Bonne-Nouvelle et promit d'y aller nuds pieds et sans linge, ce qu'elle fit tôt après avec l'assistance de sa dicte mère, qui y fit dire une messe et un évangile sur sa dicte fille et y porta la dite Jane, quatre cierges blancs qu'elle y laissa en rendant grâces à Dieu et à la glorieuse Vierge Marie sa mère.

Miracle d'un enfant sauvé d'une chute dans un puits de soixante à soixante-dix pieds de profondeur.

1622. — Jean de Launay, 7 juillet. Son aïeule, Philippe Ledreux, âgée de soixante ans, apprenant le fait, se jette à genoux dans une allée avec ces plaintives prières : Mère de miséricorde, rendez-moi mon enfant sain et sauf. Ainsi affligée, réitérant telles et semblables plaintes, une vieille âgée de soixante ans, indisposée et courbée d'années, promptement se glisse dans le puits sans aucune aide... trouve l'enfant flottant sur l'eau, le prend sur ses genoux et soutenant jusqu'à ce que l'on coule un panier avec une corde pour l'arracher... Retiré l'on voit qu'il n'avait entré pas une gouttelette d'eau dans son corps tendrelet. En raison de quoy le jour suivant la dicte Philippe vint à l'église de Bonne-Nouvelle accomplir le vœu qu'elle avoit fait... Elle offrit un enfant de cire à la Vierge, devant son autel, en la dicte chappelle.

1654. — *Ad majorem Dei gloriam, Virginisque Mariæ.* Certifions à qui il appartiendra que moi, René de Tournemyne, baron de Campzillon, etc., âgé de cinquante-cinq ans, que revenant du service de ma feue femme, dame Renée Peschard, qui se célébrait le vingt-troisième juillet 1653. en l'église de Pipriac, diocèse de Saint-Malo, estant en mon carrosse proche du bourg de Lieuron, par la chute il se fit trois plaies en ma jambe droicte et une au maisme pied, où la gangrainne se mit le cinquième jour d'aougst ensuivant; porté en une litière à Rennes, où le maisme jour m'étant confessé à un religieux jacobin nommé le Père de la Magdelainne, du couvent de Bonne-Nouvelle, et ayant assemblé les sirurgiens et médecins de la dite ville, lesquels concluaient à me couper la jambe, après m'aistre recommandé à la Saincte Vierge je vis peu à peu de l'amandement, que si j'en pouvais revenir, que je irais remercier Dieu et sa saincte mère. Ce que estant faict et estant parfaictement gary, j'ai voulu donner le présent certificat aux archives du couvent de Bonne-Nouvelle. Fait à Rennes, ce premier jour de l'an seize cent cinquante quatre. — Signé René de Tournemyne-Campzillon.

1622. — Déclaration d'Yves Picault, marchand à Rennes, lequel atteste être véritable qu'au mois d'avril, en 1622, il fut prins d'une goutte si véhémente à ses deux pieds et à sa main droite qu'il ne pouvoit s'en aider, ni marcher, l'espace d'environ sept semaines, et voyant qu'il n'avoit aucune guérison, commença à faire vœu à Dieu et à la Glorieuse Vierge Marie Nostre-Dame de Bonne-Nouvelle, à ce qu'ils lui eussent envoyé sa guérison. Incontinent ayant fait son vœu, se trouva dûment guary et commença à marcher fort librement et à s'aider de sa main. Alors se trouvant guary alla par un matin faire son vœu à la chappelle de Nostre-Dame de Bonne-Nouvelle et lui rendre grâce de la santé qu'elle lui avait donnée avec l'aide de Dieu et y fit dire une messe par un des religieux du couvent et y laissa deux pieds et une main de cire, lesquels présenta à ladicte Nostre-Dame en lui rendant grâce et à Notre-Seigneur Jésus-Christ son fils. A déclaré s'être toujours depuis bien porté.

1620. — La plus grande et riche lampe, devant l'autel de Nostre-Dame de Bonne-Nouvelle, est une reconnoissance de la santé miraculeusement recouverte par feu Monseigneur Charles de Cossé, duc de Brissac, pair et mareschal de France, lequel surpris d'une apoplexie et épilepsie en novembre 1620 et par le résultat de la consultation de sept savants médecins, jugé n'en pouvoir réchapper, recommandé à Nostre-Dame de Bonne-Nouvelle par une vertueuse damoiselle, laquelle y fut en voyage et fit dire la messe à son intention, revint en parfaite santé.

En outre de ces miracles particuliers, il faut citer ceux que l'on pourrait appeler collectifs, puisqu'ils s'appliquent à un ensemble d'habitants, comme la cessation de la peste de Rennes en 1632, occasion du Vœu déposé à Bonne-Nouvelle en 1634. La protection de la paroisse Bonne-Nouvelle, qui échappa au terrible incendie de 1720. Les habitants des Portes Saint-Michel, des Lices, de la rue Saint-Michel implorèrent dans cette extrémité le secours de Notre-Dame de Bonne-Nouvelle, et, grâce à son intervention, le feu s'arrêta devant leur quartier. Ceux qui avaient été épargnés offrirent à la chapelle du Vœu un tableau qui représentait cet évènement; on en trouve actuellement une reproduction agrandie dans l'église Saint-Sauveur. Cette même protection couvrant Rennes et la Bretagne lors de l'invasion allemande de 1870, fléau qui s'arrêta presque à la limite même du territoire breton et motiva un renouvellement de la dévotion au Vœu de 1632 et au sanctuaire de Bonne-Nouvelle.

On trouve encore actuellement aux Archives départementales, 1 H 5, un inventaire de 1770 concernant le couvent de Bonne-Nouvelle et sur lequel sont inscrites quelques mentions relatives aux grâces et guérisons

A. Le Roy, Fr. Simon Sudor, Rennes.

miraculeuses obtenues à plusieurs personnes par l'intercession de la Sainte Vierge honorée et réclamée à Bonne-Nouvelle :

1° Délivrance miraculeuse de Jan du Denger-Meslinaye, bourgeois de Vitré, délivré du péril du naufrage, signée de lui le 15 septembre 1615.

2° De Jean Guilleu, de Notre-Dame de Vitré, 14 juin 1620.

3° Attestation signée de Jean Brignon, sieur de la Bégace, 10 juillet 1622.

4° Lettres patentes du 14 décembre 1624, signées Cornulier, évêque de Rennes, données ensuite d'un procès-verbal fait par les juges royaux, de la guérison miraculeuse de Perronnelle Chapelle, native de Mehon en Xaintonge.

5° Procès-verbal dressé par M. le sénéchal de Rennes, le 16 mars 1626, et signé par plusieurs témoins, attestant la guérison miraculeuse de Louise Leduc, de Pleudihen, évesché de Dol, avec approbation de Mgr Cornulier.

6° Attestation du 24 aoust 1629, de la guérison miraculeuse de Jan Livoraille, officier de justice, natif de Cuguen, évêché de Dol. Signée de lui.

7° Attestation par demoiselle Perrine Davy, de la guérison miraculeuse de M. Jan Dambert, procureur au Parlement, son mari, 30 août 1634.

8° Vœu public et solennel de Rennes, 8 septembre 1634.

9° Attestation du 13 mars 1635, de la guérison miraculeuse de haut et puissant seigneur Charles de Cossé, duc de Brissac. Procès-verbal signé de notaires apostoliques.

10° Attestation du 16 juin 1637, de la guérison miraculeuse de damoiselle Renée de la Prévôté, demeurant en la maison de Pontelain, paroisse de Landujan. Signée d'elle.

11° Attestation du 9 avril 1642, de la guérison miraculeuse de Jeanne Guyart, native de Notre-Dame de Vitré.

12° Attestation du 14 août 1649, de la guérison miraculeuse de Georges Laurent, de la paroisse de Saint-Georges-de-Raitambault. Procès-verbal signé Ricot et Foucaut, notaires.

13° Attestation du 1er janvier 1654, de la

guérison miraculeuse du seigneur baron de Campzillon. Signée de lui.

14° Procès-verbal et approbation faits par Messire Gauttier, prêtre licencié en droit, chanoine de Rennes, vicaire général, du 29 mars 1666, de la guérison miraculeuse de Jacques Briand, sourd-muet, de la paroisse de Landujan, évêché de Saint-Malo.

15° Plusieurs autres déclarations de guérisons, écrites sans signature.

Ce même inventaire mentionne les indulgences accordées par les Papes ou par leurs légats aux églises des Frères prescheurs. Quelques-unes de ces faveurs sont temporaires et ne sauraient s'appliquer au sanctuaire actuel; mais deux d'entre elles sont spéciales à Bonne-Nouvelle et perpétuelles. Voici, du reste, le relevé des décisions pontificales mentionnées à l'inventaire de 1770 :

Bref donné à Avignon, le 6 février 1363, par Clément VI, concédant un an et une quarantaine d'indulgences et les mêmes qui ont été concédées aux fêtes et octaves de saint Dominique, aux fidèles qui, vraiment pénitents et confessés, visiteront les églises des Frères prescheurs au jour de la fête de saint Thomas d'Aquin et dans l'octave.

Bref donné à Rome, le 26 juillet 1477, par Sixte IV, concédant aux fidèles de l'un et de l'autre sexe, vraiment pénitents et confessés, qui visiteront les églises de l'Ordre des Frères prescheurs aux jours et fêtes de saint Dominique, cent ans d'indulgences et autant de quarantaines d'indulgence, et de saint Thomas d'Aquin, saint Pierre martyr, saint Vincent confesseur et sainte Catherine de Sienne, cinquante ans et autant de quarantaines d'indulgences, de même dans l'Octave.

Bref de Clément VIII, du 20 mai 1592, par lequel Sa Sainteté concède indulgence plénière aux fidèles de l'un et l'autre sexe qui visiteront les églises des Frères prescheurs aux fêtes de saint Anthonin de Florence, de saint Thomas d'Aquin et de saint Vincent confesseur, qui vraiment pénitents, confessés et communiés, prieront Dieu dévotement selon leur piété pour l'union des princes catholiques, l'extirpation des hérésies et l'exaltation de la Sainte Église.

Bref du 31 janvier 1465, donné au couvent de Bonne-Nouvelle par Estienne, archevêque de Milan, référendaire du Pape, légat *a latere* en France, concédant à tous ceux qui visiteront l'église de Bonne-Nouvelle aux cinq principales fêtes de la Vierge, Assomption, Conception, Purification, Annonciation et Nativité, et qui feront quelque charité pour l'entretien du luminaire et ornement, quarante jours d'indulgences et à perpétuité.

Bref du cardinal d'Aragon, légat du Pape, du 25 septembre 1517, concédant à tous les fidèles de l'un et de l'autre sexe, vraiment pénitents et confessés, qui visiteront l'église de saint Dominique de Rennes, aux fêtes de la Sainte Vierge, de saint Vincent, saint Mathurin, saint Avertin, saint Roch et saint Sébastien, saint Pierre, saint Claude, saintes Marie-Madeleine et Catherine, et qui contribueront à l'entretien de ladite église : cent jours d'indulgences, patentes perpétuelles.

Oraison miraculeuse autrefois récitée à Notre-Dame de Bonne-Nouvelle.

O Jésus-Christ, Fils de Dieu le Père, aidez-moi. Dieu Saint-Esprit, aidez-moi. Un seul Dieu en Trinité, Sauveur de tout le monde, sauvez-moi. Sainte Marie, aidez-moi. Dame de Pitié, aidez-moi. Mère de Jésus-Christ, Bénite Vierge, donnez-moi dévotion et veuillez prier Votre Cher Fils pour moi. Bénite Vierge, Beauté des Anges, Fleur des Patriarches, Désir des Prophètes, Secours des Apôtres, Victoire des Martyrs, Ornement des Confesseurs, Pureté des Vierges, priez pour moi, misérable pécheur, défendez-moi de tous maux présents, passés et à venir. Glorieuse Vierge, priez pour moi à ce que je puisse venir devers Votre Fils en icelui jour et heure que l'âme de mon corps partira et que rien ne la puisse épouvanter. Dame Glorieuse, gardez-moi du Jugement à l'heure de ma mort et que j'aille voir la Grande Gloire, laquelle n'aura jamais de fin. Étoile de Dieu, Porte de Paradis, Temple de Dieu, Étoile de la Mer, Contentement de la Sainte Foi, ayez merci de moi. O Glorieuse Vierge Marie, Épouse de Jésus-Christ, Porte de Salut, Espérance de tous les Chrétiens, Mère de Miséricorde, Vierge sur toutes Vierges, Fontaine de Pitié, Vaisseau de Vertu, Miroir de Virginité, Perle de toute la nature, Douce Vierge Marie, donnez-moi salut et rémission de toutes offenses. Par vous se réjouissent tous les Anges et de toutes parts se présentent à vous avec grande réjouissance.

O Jésus-Christ, fils de la glorieuse Vierge Marie, gouvernez-moi et me défendez des démons et de tous autres dangers : Seigneur Dieu faites-moi conduire avec les anges de paradis, saint Michel, saint Raphaël, chérubins et séraphins, et par les vrais apôtres et par les quatre évangélistes et les saints prophètes, et par les saints qui sont au paradis, que je prie tous en bonne dévotion, et par tant d'innocents qui ont été martyrisés pour le nom de notre sauveur et rédempteur Jésus-Christ, par les vierges et confesseurs, et par les sept dormants, saint Maximilien, saint Martin, saint Marc, saint Denis, saint Jean, saint Seraphion et saint Constantin ; que mes ennemis n'aient aucune puissance sur moi, ô Dieu tout-puissant, qui avez formé vos créatures à votre image et semblance, et nous avez donné votre fils, Notre Sauveur, et qui avez délivré Suzanne du faux crime, Daniel de la fosse des lions, les trois enfants Sidrac, Misac et Abdenago de la fournaise. Je vous prie, Seigneur Jésus-Christ, par votre infinie bonté, me garder de tout péril d'âme et de corps. Ainsi soit-il.

CHAPITRE VI

Principales fondations faites au sanctuaire de Bonne-Nouvelle avant 1789.

Il n'existe pas de liste complète des fondations faites au sanctuaire de Bonne-Nouvelle. On ne saurait d'ailleurs en établir une, puisque l'inventaire le plus détaillé sur ce point, dressé en 1770, ne les indique pas toutes. On trouve aux anciens registres paroissiaux de Rennes la mention du décès d'écuyer Raoul de Lessart, seigneur de la Robinais, époux de Vincente de Trécesson, qui fut inhumé le 4 avril 1620, dans le chœur de l'église de Bonne-Nouvelle. La fondation faite à cette occasion n'est pas portée au Cartulaire.

A la table du même inventaire on indique une fondation faite par Guyonne Philouze, épouse de Jean du Clos, sieur des Aulnais, greffier au Parlement. L'acte de cette fondation a disparu. Il en est de même pour plusieurs autres.

Cependant, si la liste qui suit ne reproduit pas toutes les fondations faites à Bonne-Nouvelle, elle est certainement la plus générale qui ait encore été dressée. Elle a été prise au Cartulaire déposé aux Archives départementales d'Ille-et-Vilaine, sous la mention 1 H 5, 1, et daté de 1770.

La première en date parmi les libéralités concernant Bonne-Nouvelle est évidemment celle qui a trait à la fondation du couvent Dominicain, c'est-à-dire la donation faite au commencement de l'année 1367 par Perrot Rouxel, bourgeois de Rennes. En 1369, cette donation s'accrut d'une autre, faite par Perrin Lemercier, d'un terrain relevant du fief des Vaux, et en 1421 d'une troisième faite par noble homme Jehan de Saint-Martin. Ces trois libéralités se rapportent aux immeubles sur lesquels fut établi le couvent et ses dépendances. Viennent ensuite, en 1426, au profit de Guy de Montrond, une participation à une messe perpétuelle accordée par les Dominicains, pour plusieurs et singuliers bienfaits reçus de lui.

En 1433, le 1er octobre, pour une messe, dame Jehanne des Vaux, de Maillechat, veuve de noble chevalier Jehan de Chevaigné, sieur du Plessis de Couaismes et de Champlin, abandonne dix sols de rente auxquels elle avait droit sur un immeuble donné.

En 1460, le 15 juillet, Gilles Mauny, pour enfeu, donne cent sols de rente.

En 1460, Robine du Rochercler, veuve Beauceporte, fonde une messe et donne cent dix sols.

En 1470, le 4 février, Jehan Eudin et Macée Lebret, son épouse, donnent un immeuble pour obtenir le droit d'être inhumés à Bonne-Nouvelle.

En 1480, Tomine Verger donne une maison pour des prières.

En 1484, Jan Ajournée, sieur des Roches, fonde une messe et laisse quatre livres de rente.

En 1490, au mois de novembre, fondation d'une messe perpétuelle par Jane Havart, qui donne cent sols de rente. Pour le maintien de cette fondation, le Parlement, dans un arrêt du 26 février 1616, dont l'expédition est signée Monneraye, donne raison aux Dominicains contre Raoul Philouze, sieur de la Guimondière, acquéreur de deux maisons hypothéquées par la fondatrice.

En 1491, donation d'immeubles par Jamet, sieur de la Grée, pour prières.

En 1491, le 10 avril, pour prières, donation d'immeubles faite par Georges Hallochier et Hamonette Ravenel, terrain relevant de la seigneurie des Préaux.

En 1492, le 28 septembre, donation d'immeubles par Guillaume Hagomar, seigneur de la Guichardière, pour prières. (Le terrain légué devait un jour de corvée à faner dans les prés du seigneur évesque de Rennes.)

En 1492, fondation de Jehan Chesnel, escuyer, seigneur de Maillechat, en Guipel, dix livres de rente pour inhumation à Bonne-Nouvelle, avec hypothèque sur son fief de Béziel, paroisse de Tremblay.

En 1495, au mois d'octobre, legs de dix livres de rente par escuyer Olivier de Coëtlogon, ancien procureur général, pour enfeu.

En 1498, donation d'immeubles, pour prières, par dom Margois Cornabel, prestre.

En 1510, donation de quatre-vingts livres de rente, faite par Anne de Bretagne, reine de France, faveur confirmée par les rois de France Henri IV, Louis XIII et Louis XIV.

En 1520, le 27 décembre, damoiselle Jeanne de Tixue, dame dudit lieu, de Clairefontaine et de Sevedavy, veuve de Messire Jehan Ferrière, chevalier, seigneur de Tixue, donne pour messes et tombe armoiée des armes de sa maison, cinquante livres de rente, avec hypothèque sur le lieu de Clairefontaine, paroisse de Vignoc, dépendant de la baronnie de Hédé.

En 1520, noble homme Jean Mousset, sieur de Mainmenier et du Courtil-Pinel, avocat en Cour d'Église, lègue huit livres de rente pour une messe.

En 1524, le 9 mai, Julienne Beauceporte, dame du Coulombier, fonde une messe et donne un immeuble.

En 1526, au mois de novembre, Missire Bernard, chanoine de Rennes, recteur de Cyz, fonde une messe et donne un immeuble.

En 1528, fondation de Missire Henry, promoteur de Rennes. Donne dix livres monnaie de rente sur la Chesnais, en Rannée.

En 1529, le 13 mars, donation d'un terrain par Macé Peltier et Olive Leporc, pour prières.

En 1529, au mois de mai, Pierre Mayeuc lègue quatre livres six deniers de rente et fonde une messe.

En 1529-1531, donations d'immeubles pour messe et enfeu prohibitif, avec pouvoir d'y mettre écussons et banc, par noble homme Jehan Goujon, seigneur d'Artois, de la Rivière, etc., maître des requêtes et conseiller. — En 1579, les religieux font condamner les héritiers de ce seigneur à payer trois années d'arrérages d'une rente de cent livres, faisant partie de la donation de Messire Goujon. Une sentence du Présidial de Rennes ordonne : « Certains mots faux, calomnieux et scandaleux, employés contre les religieux de ce couvent de Bonne-Nouvelle en l'escript du procureur du sieur d'Artoys, *estre rayés et biffés sur peine d'amande* de vingt livres. »

En 1530, Jeanne Lecoutelier fonde une messe perpétuelle et donne un immeuble.

En 1532, Guillemette Rolland, femme Farnel, donne des immeubles pour inhumation et prières (trois petites maisons).

En 1538, le 19 août, fondation d'une messe par escuyer Mathurin de Cacé, seigneur dudit lieu, fils de Bertrand et de Jehanne Becdelièvre; lègue sept livres de rente.

En 1538, pour messe et enfeu, Messire Guy d'Erbrée, conseiller au Parlement, escuyer, seigneur de la Chèse en Plélan-le-Grand, lègue six livres de rente.

Sur l'acte de la fondation faite par Guy d'Erbrée, on lit : « Et chacun et la plus neuve et saine partie des religieux d'icelui couvent, congregés et assemblés au son de la campane, en leur chapitre chapitrant et chapitre faisant pour disposer de leurs affaires en manière accoutumée, lesquels et chacun en forme de corps politique ont consenti et octroyé à Guy d'Erbrée, escuyer, seigneur de la Chaize..., veuf de Jacquemine de la Piguelaye, une pierre tombale moyennant une rente de cent sols monnoie. Fait le mercredi 5 février 1538. »

En 1540, au mois de mars, une messe fondée par Guillaume Oger, qui lègue dix-sept sols de rente.

En 1541, Messire Louis d'Acigné, évêque de Nantes, abbé du Relecq, prieur de Lehon et de Combour, fonde une messe et enfeu et donne douze livres de rente.

En 1542, le 18 avril, noble homme Guillaume Le Duc, sieur de la Regnaudais et de la Busnelaye, provost de Rennes, époux de Briande de la Pavaye, lègue cent sols de rente pour messe et enfeu, fondation accrue d'une rente de quatre livres, le 28 avril 1542.

En 1543, au mois d'octobre, Gabriel Bedier, sieur de Tesnières, veut être enterré en habit religieux et apporté par quatre religieux. Il donne pour messe et enfeu cent sols de rente, avec hypothèque sur une pièce de terre dite la Cochardière.

En 1546, au mois de novembre, noble homme Goluin Aguillelmy, sieur de Champeaux, donne un jardin et fonde une messe après laquelle les religieux devaient réciter un *Libera* sur la tombe de Messire Mousset, sieur de Maume, son beau-père.

En 1547, au mois de juin, Missire Pierre Mousset, recteur du Chastelier, fonde une messe et lègue dix livres de rente.

L'acte du 11 mars 1532, concernant la fondation faite par Guillemette Rolland, porte que sa donation est approuvée par noble homme Bérard, sieur de la Haute-Touche, qui avait droit à cent dix livres sur les biens donnés. La fondation faite par la veuve de ce Bérard est donc évidemment postérieure à 1532. Cette fondation, faite par Perronne Chauchart, dame de la Ville-du-Bois du Mottay, veuve de François Bérard, seigneur de la Haute-Touche et de la Ville aux Vées, comprenait pour partie le pré du Polieux en Saint-Étienne, contenant deux hommées de pré, tenu du vénérable chapitre de Saint-Pierre, avec obéissance et chevauchée le jour de la foire Saint-Pierre et Saint-Paul. Les époux Bérard avaient aussi donné aux Dominicains une somme d'argent, mise en fonds par les religieux pour forvenir à leur entretien et particulièrement des étudiants à Paris ou ailleurs. Cette donation, qui n'est pas datée au Cartulaire de Bonne-Nouvelle, a dû être faite vers 1554.

La concession faite aux époux de la Haute-Touche, Bérard, était de trois tombes, dont une, la première, demeurait propre au seigneur de la Bédoyère, procureur général. La deuxième tombe à la demoiselle de la Brandière, à cause de sa terre de la Ville-du-Bois. La troisième aux Chauchart, seigneurs de la vicomté de Pontfily, avec pouvoir aux uns et aux autres de faire poser leurs tombes et de les faire armoier, et au dit seigneur de la Bédoyère son banc..., sans que les religieux soient obligés d'y contribuer.

En 1554, donation d'immeubles, pour prières, par Messire Chauviry, de la Chauveraye.

En 1567, fondation d'une messe, payée quinze livres de rente, par haute et puissante dame Renée de la Feillée, dame d'Assérac, de Fauxgarel, de Gué de Lisle, vicomtesse de Plehedel.

En 1570, Georges Legay, marchand, donne une maison et un jardin pour prières.

En 1573, fondation faite par Jean Jacopin, sieur du Tertre, procureur au Parlement, et Macée Bazire, sa compagne, qui pour prières donnent aux Dominicains une maison et un jardin.

En 1573, honorables gens Jacques Blandin et Bienvenue de la Houlle, sa femme, sieur et dame de Lesmen, du Verger, du Haut-Chemin, lèguent douze livres tournois de rente perpétuelle pour messe et enfeu, avec hypothèque sur un pré situé paroisse Saint-Martin, au terroir de Groumallon.

En 1575, au mois d'octobre, Gilles Blandin, sieur du Verger, et sa femme, Hélène Bonnery, donnent à Bonne-Nouvelle trois petits prés dits prés Potier, en Saint-Grégoire, pour prières.

En 1578, fondation d'une messe par noble et vénérable Missire Gilles de Kerampuil, sieur de Bigodon, chanoine, recteur de Cletguen, et pour ce lègue dix livres de rente perpétuelle.

En 1578, au mois de novembre, Gaspar

Escoufflart, sieur de Mainmenier, époux de Marguerite Jarny, fonde une messe et lègue six livres de rente.

En 1582, le 2 octobre, pour prières, Pierre Cannieu, boulanger, époux de Perrine Suart, lègue vingt livres de rente.

En 1584, le 22 mai, messe et enfeu, fondation faite par haute et puissante dame Tournemine, douairière de Vauclair, qui lègue vingt livres tournois de rente.

En 1585, le 27 mars, fondation d'une messe par demoiselle Catherine Morel, dame de la Tirlaye, qui donne deux cent quarante livres.

En 1586, donation d'un immeuble par époux Joliff, pour prières.

En 1586, messe, fondation faite par Perrine Leroy, dame de la Cormeraye, qui donne quatre cent quatre-vingts livres.

En 1587, au mois de décembre, fondation d'une messe par enfants de la Lande, nés de Guillaume et de Janne de Launay. Ils donnent vingt-sept livres de rente.

En 1589, Arthur Cusson, maître fourbisseur, et Guillemette Grohant, sa femme, s'engagent à bâtir un logis qui restera au couvent après leur mort et celle de leurs enfants.

En 1590, le 25 juin, Renée du Gué de la Motte, de Gennes, de Bois-de-Cucillé, dame de la Marzelière, baronne de Bonnefontaine, lègue six cents livres pour messe et prières.

En 1591, messe fondée par haute et puissante Jeane de Goulaine, dame de la Forest, cinquante-deux livres de rente.

En 1596, escuyer Jean de la Porte, sieur du Val, conseiller au Parlement, fonde messe et enfeu et donne treize livres de rente.

En 1596, Messire Antoine de Rocquefort, seigneur de Bastenay, premier capitaine des chevau-légers de France, mareschal-de-camp en l'armée du Roi en Bretagne, fonde une messe pour chaque jour de l'année et donne mille escus.

En 1596, fondation d'une messe par Missire François Chaussière, chanoine et scholastique, qui lègue seize livres de rente.

En 1596, enfeu à noble homme J. Martin, sieur de la Vairie et de Grasbusson, advocat au Parlement, pour quatorze livres de rente.

En 1597, donation d'un immeuble pour inhumation et service par Marc Legay, sieur de la Cloche.

En 1597, au mois de juin, pour prières, legs d'une maison, par Missire Hélie-Vallée, *religieux de Saint-Sauveur de Redon.*

En 1599, au mois de février, Jacqueline de Bourgneuf, dame du Rocher et de Vaudequy, pour prières, donne cent écus, sol.

En 1599, au mois de juin, fondation faite par escuyer François Rouxel, sieur de Launay et de Paingrave. Lègue cinquante-deux livres de rente.

En 1599, le 17 juillet, Perrine Gaultier, dame du Valmérault, fonde un enfeu et une grand'messe annuelle de *Requiem*, et lègue une rente foncière de dix livres, à elle due par sire Jan Leduc, sieur de Laugeraie, *sur l'hypothèque d'une vigne* située en la paroisse de Saint-Étienne, près la Croix-Guéhéneuc ou Belloir.

En 1601, rente de trois escus et un tiers, fondation de quatre messes, par les maîtres orpheuvres de Rennes.

En 1602, Françoise Daniel, dame de Lanrédon, donne cinq écus de rente pour une messe.

En 1603, le 18 mars, fondation de noble homme Jean-Martin Laisné, sieur de la Vairie; messe et enfeu, au prix de six cents livres.

En 1604, le 22 janvier, messe et enfeu prohibitif, permission de faire graver ses armoiries et de faire peindre ses armes dans la vitre de la chapelle de Nostre-Dame; fondation de Roch Lezot, seigneur de la Villegeoffroy, le Vaurozé, etc., conseiller notaire et secrétaire du roi, en son nom et en celui de Noëlle de la Corbinière, sa compagne. Donne trois cent soixante-douze livres. A la messe, on devait allumer auprès de la fausse-châsse six cierges chargés des écussons du sieur Lezot.

En 1604, le 16 novembre, Guillemette Ramberge, dame de Launay, fonde une messe et donne quatorze livres de rente.

En 1605, au mois de janvier, enfeu à noble homme Jean Le Levier, seigneur de Kerohiou, conseiller au Parlement, avec droit d'escabeau, d'accoudoir et d'impression ; legs de vingt livres de rente.

En 1605, le 23 mai, les époux Jean Chesnot, sieur du Chesne-Cramou, lèguent quatre livres de rente pour prières.

En 1605, noble homme Pierre Martin, sieur de Broize, advocat général du roi, et Péronnelle Piedevache, dame Coueslen, sa compagne, donnent trois cents livres pour prières.

En 1606, au mois de septembre, messe et enfeu pour haute et puissante Marguerite de Beaumanoir, dame de Tyvarlan, de Morlac, etc., qui lègue cent livres, rente perpétuelle.

En 1607, Macée Bazire, veuve Jacopin, pour enfeu dans la chapelle Saint-Thomas, lègue six cents livres.

En 1608, le 4 juillet, Collin Vaugru fonde une messe et lègue quatre livres de rente.

En 1610, Suzanne de Guémadeuc, douairière de Kersauson, pour messe et enfeu, lègue trente livres de rente.

En 1612, le 27 avril, dame Jeanne Huby,

veuve de feu Messire Budes, seigneur du Rufflet, conseiller du roi en sa Cour de Parlement, fonde messes et donne six cents livres.

En 1612, au mois de juillet, Suzanne de Poix, dame de la Villemenier, fonde deux messes et lègue trente livres de rente.

En 1616, Michel Bouyen et Françoise Chartier, sa femme, louent aux religieux un terrain sur lequel ils font une boutique, qu'ils s'engagent à laisser au couvent après leur mort et celle de leurs enfants.

En 1616, Yvonne Dubourg, femme de Pierre Richard, marchand à Rennes, lègue quinze livres de rente pour prières.

En 1617, noble homme Pierre Poisson, sieur de la Mettée, avocat, fonde messe et lègue quinze livres de rente.

En 1619, au mois de juillet, Messire Louis Trochet, sieur du Temple, époux de Jacquemine Drouadaine, donne un immeuble et fonde deux messes.

En 1619, au mois de décembre, messe et enfeu, fondation faite par Perrine du Petit-Pré, veuve de Messire Georges Leclerc, sieur des Latays, avocat, qui lègue quinze livres de rente et sa chaîne d'or, laquelle fut déposée à Bonne-Nouvelle en 1626, après le décès de la fille de la donatrice.

En 1620, le 1er janvier, haute et puissante dame Louise comtesse de Maure et de Mortemart, baronne de Lohéac, vicomtesse du Ferré, dame de Landal, du Plessix-Anger et de la Rigaudière, pour récitation de litanies, donne trois cents livres.

En 1620, le 15 janvier, haute et puissante dame de la Motte, douairière de Molac, marquise d'Assérac, baronne de la Hunaudaye et de Montafilant, lègue vingt-cinq livres de rente pour messe et enfeu.

En 1621, au mois d'août, Jane Guyot, dame de la Glaume, fonde une messe et donne vingt livres de rente.

En 1622, au mois de décembre, escuyer François Thomas, sieur de Vaunoise, lègue quarante livres de rente pour une messe, fondation exécutée par Jean Thomas, seigneur de la Cosnelaye, héritier du testateur.

En 1622, fondation de messes par escuyer Gilles Godard, sieur du Plessis, avocat au Parlement ; lègue soixante livres de rente ;

garanties en 1641 par une hypothèque sur la métairie de la Brétesche, en Saint-Grégoire, hypothèque donnée par noble homme Gilles Martin, époux de Jeanne Godard.

En 1623, au mois de février, Jane de Coëtlogon, vicomtesse d'Apigné, pour fondation de messes, donne quatre cents livres.

En 1623, au mois de février, messe; seconde fondation de Messire Roch Lezot, chevalier, gentilhomme ordinaire de la Maison du Roi, seigneur de la Villegeoffroy et du Vaurozé, conseiller secrétaire du roi, doyen de la chancellerie en Bretaigne, époux de Louise Tuffin; lègue trente-six livres de rente, avec hypothèque sur les terres de la Villegeoffroy et du Vaurozé, en Betton.

En 1623, au mois de février, fondation de Messire Regnault de Sévigné, seigneur de Monmoron, conseiller au Parlement; lègue trente-cinq livres pour messe et enfeu.

En 1624, messe et enfeu; fondation de Messire Gervais Huart, seigneur de la Grand-Rivière, conseiller du roi et son provost en sa provosté de Rennes, époux de Jacquette Monneraye; lègue vingt-cinq livres tournois de rente, avec hypothèque sur le lieu de la Vigne, situé près le pavé de Maurepas, paroisse de Saint-Laurent.

En 1624, le 25 novembre, Yvonne Le Métayer, douairière de Belestre, veuve de Messire Siméon Brandin, seigneur dudit lieu, conseiller du roi au Parlement de Bretagne, fonde une messe et donne quinze livres tournois de rente à elle dues par Jacques Piart, sieur des Bouffres.

En 1625, Missire Mathurin Chastain, chantre à Toussaints, lègue neuf livres de rente pour prières.

En 1627, au mois d'octobre, fondation d'une messe en basse voix, *de quinque plegis*, par Pierre Ruault, marchand à Rennes, qui lègue dix-huit livres de rente.

En 1628, au mois de mai, enfeu prohibitif, avec droit de faire graver sur la tombe armoiries, écussons et impressions ; fondation faite par Julienne de la Tousche, veuve de Messire Jean Lebel, seigneur de la Tour-Gavouyère ; lègue vingt livres de rente, avec hypothèque sur la terre du Bois-Roger, dépendance de la Jaroussais, en Janzé.

En 1628, au mois de septembre, noble homme Robert Girard, sieur du Boismartel, procureur au Parlement, et demoiselle Laurence Jonchée, sa compagne, donnent aux religieux de Bonne-Nouvelle une petite maison avec jardin, située près la cour de la Reverdiais, paroisse Saint-Jean, soumise envers la seigneurie de Saint-Melaine au devoir de la chevauchée, le jour de la foire de Saint-Melaine, pour un enfeu prohibitif en la chapelle Sainte-Anne, pour eux et leurs successeurs, avec une pierre tombale, un banc à queue et accoudoeur, armoiés de leurs armes.

En 1629, le 22 novembre, Guillemette Broust, dame de Grandmaison et Sevegrand, fonde des messes et lègue partie de la métairie du Clos-Guérin, autrement Frilouze, en Betton, au terroir de la Plesse, puis pour un enfeu lègue soixante livres de rente.

En 1630, le 25 mai, Messire Maurille des Landes, conseiller au Parlement, époux de Dame Marie du Plessis, fonde deux messes et donne mille livres.

En 1631, le 23 juillet, Peronne Huby, dame de Kermagaro, veuve de Messire François d'Andigné, seigneur de Kermagaro, la Châsse, Saint-Malon, conseiller au Parlement, fonde deux messes et lègue cent livres de rente.

En 1631, fondation faite par Françoise Frotet, dame de la Dobiaye, veuve de Messire Julien Gedouin, seigneur de la Dobiaye, de Saint-Jean-sur-Couasnon et de Bazouges, président au Parlement, conseiller d'État: legs de mille deux cents livres.

En 1632, au mois de septembre, fondation d'une messe par noble homme Étienne Debroise, sieur de la Roche, qui lègue vingt-six livres de rente.

En 1633, le 29 septembre, pour prières, Missire Charles Hamonneaux, chapelain de Saint-Senelé et Saint-Gilles, au passage du Pontréan, donne mille huit cents livres.

En 1634, messe et enfeu: fondation de nobles gens Jean Trouillot, sieur du Chesne, procureur en la Cour bourgeoise de Rennes, et Charlotte Bagot, sa compagne; donnent cent pistoles d'or, estimées huit cent cinquante livres.

En 1634, au mois de septembre, messe

fondée par Messire Jean Peschart, seigneur baron de Beaumanoir, qui lègue vingt livres de rente; fondation exécutée par François Peschart, seigneur de Bienassis, son héritier.

En 1634, messes et enfeu; fondation faite par Messire François de Becdelièvre, seigneur de la Busnelaye, premier président en la Cour des Comptes; legs de quarante livres de rente, avec hypothèque sur la terre de la Busnelaye.

En 1635, au mois de septembre, Louise de la Porte, dame de Monterfil et de Lesmée, pour enfeu, d'une longueur de sept pieds, trois pieds de laize dans le chanceau et balustre de l'autel de Nostre-Dame, côté de l'Évangile, puis plaque de cuivre pour graver écussons et armoiries. Verse d'abord mille six cents livres, puis quatre cents livres.

En 1635, au mois de novembre, escuyer Legonidec, seigneur des Aulnais, conseiller au Parlement, époux de Louise Marcadet, lègue six livres de rente pour prières.

En 1636, au mois d'avril, noble homme Tanguy Bohier, sieur de Pratanlouët, fonde une messe et donne vingt-quatre livres de rente.

En 1636, le 6 août, dame Jacquemine Pinel, dame de la Rivière, douairière du Boisguy, compagne de Messire Guillaume Lepetit, sieur de la Rivière-Souchart, donne pour prières quatre cents livres.

En 1637, Marguerite Ledo, épouse de Maître Olivier de la Vairie, procureur, fonde messe et donne soixante livres.

En 1636, le 10 juillet, fondation de noble homme Jean Gillot, sieur de la Crozille, advocat au Parlement, qui promet huit cents livres, « à condition que en cas qu'il meure à vingt lieues de Rennes, son corps soit inhumé en la chapelle de Nostre-Dame au couvent de Bonne-Nouvelle, et à la charge et à perpétuité, que les religieux, après avoir fait sonner la cloche demi-heure durant, s'assembleront tous immédiatement après avoir chanté vespres, les vigiles des fêtes de la Purification, Visitation, Assomption, Nativité et Conception de Notre-Dame, en sa chapelle, où ils iront processionnellement chantant un respons, et là, après avoir fait mettre deux châsses sur sa tombe avec leur drap mortuaire et deux cierges allumés auprès et deux autres aussi sur l'autel allumés, deux versetiers chanteront à haute voix les litanies de la Vierge *qu'on chante en l'église de Laurette,* et tous les religieux respondront en reprenant chaque motet tout entier, ce qu'on appelle les litanies doubles, et à la fin se dira une collecte du jour et ensuite un *De Profundis,* une collecte pour les défunts et un *Requiescant in pace* avec aspersion d'eau bénite. »

En 1637, 18 décembre, Françoise Le Lamballays, dame de la Courrouze, fonde messes et donne quatre cents livres, somme versée par M. Delourme-Rabassé, lieutenant de Dol, en 1638.

En 1639, le 5 juillet, escuyer Jacques Ravenel, sieur des Ferrières, conseiller au Présidial de Rennes, fonde deux messes et donne mille livres.

En 1639, au mois d'août, escuyer François de Rosmar, sieur de Kergoff, donne douze boisseaux de froment de rente annuelle, mesure de Tréguier, pour messes et prières. Sa sœur et héritière, pour acquitter ce legs, convint de payer trente livres de rente.

En 1639, au mois de septembre, noble homme Giles Guiton, sieur de la Bécherie, fonde une messe et donne deux pièces de terre, la Grande-Cour-Morel et la Petite-Taverne, en la paroisse de la Mézière.

En 1640, le 15 juillet, messe et enfeu ; fondation de Messire Claude de la Bouëxière, seigneur de Kergrée, des Métairies et de Brantonnet, qui donne six cents livres.

En 1640, le 16 novembre, Missire Clément Aumaistre, prieur de Saint-Cyr, fonde une messe et donne quatre cents livres.

En 1643, Julien Le Gouvello, conseiller du roi en sa Cour de Parlement, fonde des messes et donne quatre cents livres.

En 1644, au mois de février, Nicolas Avenel, sieur de la Boullaye, fonde messe et lègue trente livres de rente.

En 1644, au mois de décembre, Julienne de Vaujouaye, fille de feu Olivier et de Hélène Hervieux, fonde messe et donne trois cents livres.

En 1645, au mois de juin, messe et enfeu,

fondation de Perronnelle Phelippe, veuve de Messire François Grignart de Champsavoy; donne vingt-cinq livres de rente.

En 1648, au mois de décembre, messe et enfeu, avec pierre tombale armoiée, fondation du seigneur de Boisadam, époux de dame Marguerite Martin; il donne soixante livres de rente à percevoir sur les grandes dixmes qui se lèvent en Bourseul.

En 1649, fondation de dame Louise de Quengo, douairière de Brefeillac, messe et enfeu; en 1656, MM. de Tronquédec et de la Hautaye, ses héritiers, versent mille soixante livres pour cette fondation. Le cœur du feu seigneur de Brefeillac repose à Bonne-Nouvelle, le corps étant inhumé en l'église des Révérends Pères Carmes Déchaussés de Carhaix, fondée par lui.

En 1649, messe et enfeu, fondation de Louise James, veuve de Messire Jean du Halgouët, seigneur de Kergrée, qui donne quatre cents livres.

En 1650, au mois de mars, noble homme Amaury Garnier, sieur du Buisson, fonde par testament une messe perpétuelle et six messes de *Requiem* pour lui et sa compagne, Roberte Gontier, et pour ce donne le Clos Gilet, contenant quatre journaux et demi, et un pré dit de Launay, d'un journal, au terroir du Chesnay, dépendant du lieu noble du Buisson, en la paroisse de Melesse, sous la juridiction du Plessis-Melesse. Ces messes devaient être célébrées sur la tombe du testateur, auprès de celle de Mlle de Sevegrand, sa tante.

En 1652, Madeleine Douasne, épouse de Georges Meusnier, fonde un salut solennel à perpétuité et lègue quarante livres de rente.

En 1653, au mois de mai, messe et enfeu, par escuyer Pierre Hervieux, sieur de la Vante, qui lègue trente livres de rente.

En 1654, au mois de mai, fondation de messes par Jeanne Courriolle, veuve de Messire Georges de Kerguezec, seigneur de Brays et de Jucé, conseiller au Parlement, qui donne mille livres.

En 1655, au mois d'avril, demoiselle Guyonne Henry, fille de feu sieur de la Tanneraye, fonde une messe et donne six cents livres.

En 1659, au mois de juin, fondation de dame Jeanne Monneraye, dame du Quersans, veuve de Messire Jules du Quersans, seigneur du Prélouays, conseiller du roi en sa Cour de Parlement de Bretaigne, fonde prières et lègue environ deux journaux de terre situés près le bourg et paroisse de Montgermont.

En 1660, au mois de décembre, Me François Picot, notaire, et Gilles Picot, chirurgien, pour Simonne Herbert, née Picot, fondent deux messes et donnent cinquante-cinq livres de rente.

En 1661, au mois de mai, Raoul Bonnier, sieur des Bagotières, fonde une messe, donne cent livres, puis ajoute quatre-vingts livres pour l'entretien d'une lampe.

En 1662, au mois de mai, messe et enfeu, fondation de haut et puissant Messire Charles de Vaucouleurs, seigneur de la Ville-André, qui lègue trente livres de rente, avec hypothèque sur la terre seigneuriale de la Boullays-Ferrière, en Plouasne.

En 1662, noble homme Guillaume du Liepvre, sieur des Écotais et de la Thébaudais, greffier des Requêtes du Palais, en reconnaissance de plusieurs biens qu'il avait receus de Dieu et spécialement pour sa santé miraculeusement recouvrée par la faveur et l'intercession de la glorieuse Vierge honorée à Bonne-Nouvelle, fonde une messe basse par semaine..., avec le *De profundis*, pour lui et demoiselle Julienne Letaneux sa compagne, et leurs parents et amis vivants et trépassés, et pour icelle a payé comptant la somme de six cents livres.

En 1663, Service et enfeu. Fondation de Messire Louis de la Bourdonnaye, vicomte de Couëtion, conseiller au Parlement, qui verse six cents livres.

En 1663, au mois d'août, Messire Legouvello, seigneur du Trémeur, conseiller au Parlement, fonde messes et lègue seize livres de rente.

En 1663, au mois de septembre, dame Julienne Lechevalier, veuve de feu Messire Hervé de Coniac, en son vivant conseiller du roi et doyen du Parlement de Bretagne, seigneur de Toulmen, L'Hermitage, etc., stipulant pour elle escuyer Gilles Martin, sieur des Renardières, du Plessix, de Bonabry, advocat aux Parlements de Paris et de Rennes, acquiert droit de sa sépulture au tombeau de défunt Jean Martin laisné, escuyer, sieur de la Vairie, son oncle maternel et frère aisné de feue Marguerite Martin, mère d'icelle dame de Coniac de Toulmen, augmentant la fondation faite par le susdit feu sieur de la Vairie, son oncle, donne quatre cents livres tournois... Elle pourra mettre son écusson et celui des armes de ladite damoiselle Marguerite Martin, sa mère, au lieu et en la ceinture que ledit feu sieur Martin de la Vairie avait le sien, comme il paraît encore autour du tombeau.

En 1664, Service et enfeu. Fondation de messire Jean de Bréhand, seigneur de Galinée, conseiller au Parlement, pour sa femme Françoise Lefer; verse huit cents livres.

En 1666, au mois de juillet, messe et enfeu. Fondation de Catherine Legouz, compagne d'escuyer Jacques de Querescant, sieur dudit lieu, qui donnent quatre mille livres provenant de la vente d'une maison à elle appartenant, nommée la Barbaye, située en la paroisse de Saint-Hélier ; en plus, avec réserve d'usufruit, le Mouton-Blanc, évalué à trois cents livres de rente. Les religieux s'obligent à faire au sieur et dame de Querescant une rente annuelle de cent livres.

En 1666, au mois de septembre, Pierre Mouton, advocat, sieur du Margat, époux de Hélène Chouin, fonde une messe et donne vingt livres de rente.

En 1666, au mois d'octobre, don de trois cent soixante livres effectué par Messire Étienne Jehannot de Bartillac, conseiller du roi, garde du Trésor royal, pour fondation à perpétuité des messes que Sa Majesté a voulu être dites et célébrées en la chapelle de la Sainte Vierge, pour le repos de l'âme de la sérénissime reine Anne d'Autriche, sa mère.

En 1666, le 22 octobre, Service et Salut fondés par noble homme Yves Goullet, sieur de la Rabinardière, échevin de Rennes, stipulant pour feue Françoise Bobêche, veuve de noble homme Pierre Judier, sieur du Basbourg, procureur, verse cinq cent soixante livres.

En 1667, au mois de septembre, fondation

faite pour contribuer à entretenir un lecteur en philosophie, par le Père Bernard Guyard, docteur de Paris, et payée par noble homme Raoul Leforestier, sieur du Rocher, échevin de Rennes : mille livres.

En 1671, au mois de juin, Marie Lotz, dame douairière du Verger Brossay, fonde un Salut et donne huit cents livres, du consentement du seigneur du Harlay, son fils et principal héritier.

En 1671, enfeu. Fondation de demoiselle Jacquette Bernard, dame de Launay et de Loaisil, veuve de noble homme Pierre Lezot, sieur de Loaisil; legs de cinq cent quatre-vingt-neuf livres.

En 1672, pour prières, messire Guy de Lopriac, seigneur de Kermassonnet, conseiller au Parlement, donne cent livres.

En 1672, messe et enfeu. Fondation faite par Jeanne Nouvel, dame de Kerguyo, qui donne douze cents livres.

En 1675, seconde fondation des de Kerguyo : Joseph Huby, escuyer, époux de Jeanne Nouvel, qui donnent trois mille deux cents livres.

En 1677, au mois de juillet, Antoinette Durand, veuve Gendron, donne trente livres de rente pour prières.

En 1683, au mois de septembre, fondation de damoiselle Michelle Hux, épouse de escuyer Bourgonnière, sieur du Coulombier, une messe à l'autel de la Vierge; trente-cinq livres de rente, par hypothèque sur une maison placée en la rue des Prés.

En 1692, le 8 février, dame Françoise Le Chevallier, dame de la Chesnaye-Henry, veuve d'écuyer François Henry, seigneur de la Chesnaye, conseiller du Roi et son advocat au Siège Présidial de Rennes, fonde une messe et salut et donne quinze livres de rente.

En 1693, le 8 novembre, Marguerite Milon, du tiers-ordre de Saint-Dominique, déclare, étant en sa plus grande santé, choisir sa sépulture en l'église du couvent de Bonne-Nouvelle et donne cent livres.

En 1698, au mois de décembre, ratification de la fondation faite par Maître François Legault, sieur de l'Isle; vingt-cinq livres de rente pour prières.

En 1708, fondation d'une messe par dame

Claire du Boisgelin, veuve de Messire Eustache de Lys, chevalier, seigneur de Beaucé. Le capital de cette rente, soit quatre cents livres, fut versé aux Dominicains de Bonne-Nouvelle, en 1756, par M. le marquis de Rosnyvinen, acquéreur de Beaucé.

En 1712, le 6 février, Madeleine Essillard des Fontaines, du tiers-ordre de Saint-Dominique, demeurant à Rennes, rue aux Foulons, paroisse Saint-Jean, fonde messe et prières et verse six cents livres.

En 1719, fondation faite par M. Desfontaines-Jamoays, qui verse quinze cents livres, avec réserve d'usufruit. Parmi les religieux qui signent à cet acte figurent : François Lezot, Jean Mellet, Hyacinthe Duclos, professeurs en théologie, Antoine Priour, Lepontois, Gilles Lancelot, noms encore pour la plupart représentés à Rennes.

En 1738, au mois d'octobre, Louis Héry fonde une messe et verse deux cent quarante livres.

Voilà pour les fondations faites à Bonne-Nouvelle, avant la Révolution de 1789, la liste extraite du Cartulaire de 1770 et des pièces annexées. A cette date, le religieux qui a fait l'inventaire des papiers du couvent de Bonne-Nouvelle constate qu'ils étaient en désordre et que beaucoup de liasses manquaient. Aussi trouvons-nous à la table plusieurs mentions de fondations, avec renvoi à un feuillet numéroté ; puis ce feuillet est resté blanc, parce que l'acte à inscrire n'a pas été retrouvé. Au début du présent chapitre, nous en avons cité deux au nom de Philouze et de Delessart. Il y en a plusieurs autres, notamment au nom d'une religieuse du tiers-ordre dite Françoise la Guerchaise, et à celui de Drouet de Montgermont, Montelier, Laurence Vincent, dame du Bout-du-Chemin, Simon, veuve Bigot, etc.

Enfin plusieurs des fondations inscrites ne sont pas datées, soit par suite d'une omission, soit parce que le papier se trouve rongé à l'endroit qui portait la date. Ainsi l'on trouve sans date des fondations faites par : Mme de Gardisseul, qui donne six cents livres ; veuve Tizon, qui verse cent quarante livres ; du Pourpry-Charruyer, qui donne trois livres douze sols de rente; Goures de Belair, qui lègue trente livres de rente; Sœur Nicolle Lobineau donne deux cents livres pour son inhumation; Sœur Cyprienne Augené, du tiers-ordre de Saint-Dominique, donne également deux cents livres pour le même objet.

Le Cartulaire mentionne encore les noms de plusieurs religieux dominicains qui donnent à leur couvent l'argent provenant de leurs *mesnagements;* il cite notamment les Pères Allain, Jean Thébault, Lodéac, Charpentier, Davoine, Aubin, etc.

Nous avons donné précédemment, à titre d'exemple, les formules employées par Jean Chesnel et Jean Martin dans les actes concernant leurs fondations. Voici celle d'une autre fondation faite en 1616 par Yvonne Dubourg, femme Richard, marchande à Rennes; la testatrice « donne son âme à Dieu le Père tout-puissant, la recommande à la Bienheureuse Vierge Marie, à MM. saint Michel et saint Gabriel, anges; saint Jean-Baptiste, saint Jean l'Évangéliste, saint Pierre, saint Paul et saint Yves, duquel elle porte le nom, à toute la bienheureuse compagnie de paradis, la priant d'intercéder pour elle envers la béatitude éternelle. »

La fondation faite par Messire Legonidec des Aulnais mérite une mention, parce qu'elle est seule de sa sorte; au lieu d'être *post mortem*, elle est pour le temps qui précède immédiatement le jour du décès : « Recognoissant qu'il est périlleux de mourir sans assistance de gens pieux et religieux pour acquérir une vraie repentance, pour à quoi obvier supplie les humbles et dévots religieux de Notre-Dame de Bonne-Nouvelle le vouloir assister en la malladye dont il décédera... Pour ce lègue six livres de rente. Fondation de 1635. »

Le paiement régulier des rentes léguées était garanti au moyen d'hypothèques établies, soit sur l'ensemble des biens des fondateurs, soit sur des immeubles spécifiés, soit sur des métairies acquises par les Dominicains et substituées aux immeubles primitivement grevés, puis affranchis par remboursement du capital des rentes. L'obligation légale de payer de suite ou dans un court délai le capital de la rente constituée eût été socialement utile, car elle eût prévenu les très nombreux procès qui se trouvent mentionnés à la suite des fondations et qui furent engagés contre les héritiers récalcitrants.

Le Cartulaire de Bonne-Nouvelle porte mention de cinq métairies achetées pour la garantie des fondations, et aux dates suivantes :

1638, la métairie de la Haie-Fossart, en Bréal, achetée à Messire Jean du Boberil, seigneur du Mollant, et dame Hélène du Bouëxic, sa compaigne, et payée quatre mille six cents livres en prix principal et cent livres en épingles à Mme du Boberil.

En 1642, la maison et métairie noble de Tréfieuc, en Bréal, achetées à Messire de Cervon, chevalier du roi, gentilhomme ordinaire de sa chambre, seigneur baron des Arsyes, époux de Charlotte Harel, au prix de cinq mille six cent vingt-cinq livres en principal et cent cinquante livres pour épingles à Mme de Cervon.

En 1651, la métairie de la Motte-Beaucé, en

Vezin, achetée à Messire Jacques Legonidec, seigneur des Aulnays, conseiller du roi en sa Cour de Parlement, époux de dame Louise Marcadet, et payée onze mille cinq cents livres en principal et cinq cents livres pour les foins, pailles et marnis.

En 1654, la métairie de Launay-Thébert, en Pacé, achetée à Messire Jacques Legonidec, seigneur des Aulnays, moyennant un prix unique de quatre mille cinq cents livres.

En 1672, la métairie du Chesne-Manier, en Bréal, achetée à Maître Mahé, sieur de Lépine, procureur au Parlement, époux de Perrine Jullien, et payée trois mille livres.

A ces immeubles venaient s'ajouter la ferme du Clos-Guérin ou Frilouze, en Betton, léguée par demoiselle Guillemette Broust de Grand-Maison et de Sevegrand, d'assez nombreuses pièces de terre ou prairies isolées, plusieurs maisons et les diverses boutiques situées rue Saint-Dominique, derrière le Chapitre, auprès de la Sacristie, près la Tour, au pied de la Tour, à la deuxième vitre de l'église, dans la Cour-Marchande, rue des

Échanges, près le mur de l'église et dans la rue Haute, au pied du couvent.

Le Cartulaire mentionne en outre quelques sommes prêtées aux États de Bretagne, et divers privilèges ou exemptions de taxes publiques.

On y trouve aussi des indications qui ne concernent pas le sanctuaire même, mais qui renseignent sur divers faits antérieurs à notre époque, comme la mention suivante : « Lettre d'un grand-vicaire de Rennes au sujet d'une mission des Jacobins de Vitré pendant le *Jubilé de 1776*, qui assure que les confrères du Rosaire faisant leurs stations avec nous processionnellement satisfont comme les paroissiens avec les paroisses, en faisant cinq pour quinze, c'est-à-dire qu'une est pour trois. » Mais nous devons nous borner à ce qui intéresse le sanctuaire, et par suite limiter les citations [1].

---

[1]. Les longues recherches que ce chapitre a nécessitées nous ont été facilitées par la complaisance et la constante amabilité de notre archiviste départemental, M. Parfouru.

CHAPITRE VII

Rétablissement du Vœu.

Nous avons vu précédemment que le Vœu déposé à Bonne-Nouvelle, le 8 septembre 1634, avait été vendu par la Municipalité de Rennes, le 30 juin 1794, à un juif allemand nommé Autman. La période la plus violente de la Révolution ne dura guère que deux ans à Rennes, et dès le 22 juin 1795 deux églises y furent rouvertes. Mais le tableau vénéré à Bonne-Nouvelle et sauvé par le jardinier Garel fut rapporté en 1803 seulement à M. l'abbé Vano, alors curé de Saint-Aubin. Aucune solennité n'eut lieu à cette occasion.

En 1801, Mgr Énoch rétablit la confrérie du Rosaire (très florissante à Rennes avant

EX-VOTO ACTUEL
REPRÉSENTANT LES MONUMENTS DE LA VILLE DE RENNES.

1789) dans son ancien centre, c'est-à-dire à Saint-Aubin en Notre-Dame de Bonne-Nouvelle.

La procession qui eut lieu en 1834, pour demander à Dieu la cessation du choléra, fit station devant le tableau vénéré de Notre-Dame de Bonne-Nouvelle.

Dans son ouvrage sur l'*Histoire du culte de la Vierge à Rennes*, dom Plaine fait remarquer que la restauration du culte public de Notre-Dame de Bonne-Nouvelle à Saint-Aubin est due principalement au zèle envers Marie de son vénérable curé Jehannin, ordonné prêtre en 1819, décédé en 1871, dans la paroisse où il avait constamment vécu. Souvent il répéta ces paroles : « Notre-Dame de Bonne-Nouvelle est mon espérance et mon soutien; c'est elle qui m'obtiendra miséricorde devant le Souverain Juge. »

En 1854, Mme Jouaust, très dévote envers Notre-Dame de Bonne-Nouvelle, eut l'idée de faire rétablir le monument du Vœu érigé en 1634. Elle affirma même à son amie, Mme Leray-Udelez, que le 26 juillet 1854, jour de Sainte-Anne, elle avait entendu une voix du ciel qui lui disait de bannir toute crainte et de se mettre à l'œuvre sans plus tarder.

Mgr de Rennes autorisa la formation d'un comité destiné à recueillir des souscriptions pour le rétablissement du Vœu de Bonne-Nouvelle, et comprenant : Mlles Carron, Cren, Denot, Gotrot, Jouaust, de Kermarec, de Longuinière, Nugués et Taillandier.

On était alors au mois de décembre 1854.

Mlle Jouaust mourut le 2 février 1855 ; mais ce qui retarda l'achèvement de l'œuvre, ce ne fut pas seulement cette circonstance et le chiffre de la dépense, dépassant 16,000 fr.; il fallait encore s'entendre au sujet du plan du monument.

Enfin, en 1859, M. Jehannin alla trouver Mgr l'évêque de Rennes qui, sur sa demande, institua une Commission, composée du curé et des fabriciens de Saint-Aubin, pour dresser le plan du monument et en assurer l'exécution.

Un artiste de Paris, M. Trioullier, vint à Rennes et adopta pour la forme du Vœu d'argent, au lieu du parallélogramme de 1634, un octogone légèrement allongé. Les principaux monuments de Rennes ancien et de Rennes actuel devaient être reproduits en relief.

Le travail d'orfèvrerie fut terminé à Paris et envoyé à Rennes le 2 septembre 1861 et l'inauguration du Vœu nouveau fut fixée au 8 du même mois.

La ville entière se couvrit d'arcs-de-triomphe, d'immenses guirlandes de fleurs et de feuillage, de festons variés disposés en tapisserie. Le nombre des habitants se trouva doublé par suite de l'affluence des étrangers.

Le Vœu, déposé d'abord à l'Hôtel-de-Ville, puis porté solennellement à la Cathédrale, fut béni par Mgr Saint-Marc.

Lorsque la procession du Vœu quitta la Cathédrale pour se rendre à Saint-Aubin, on apercevait en tête la bannière du Vœu, chef-d'œuvre de broderie exécuté par la maison Rouxel-Ledain. On y lisait cette inscription : *La Ville de Rennes, reconnaissante envers la Mère de Dieu, se voue tout entière à elle et implore de nouveau sa protection.*

Cet étendard avait pour escorte cent enfants élégamment vêtus, couronnés de fleurs et tenant à la main des oriflammes au monogramme de Marie. Ensuite venait un chœur de quatre cents jeunes filles, parées des couleurs de la Vierge, puis un autre chœur de deux cents religieuses, ensuite les Frères de la Doctrine chrétienne et ceux de La Mennais. Enfin, le clergé des huit paroisses, avec bannières et croix et un corps de musique.

Autour du monument du Vœu se tenaient huit délégués choisis parmi les fabriciens des églises de Rennes. MM. Le Beschu de Champsavin, de Farcy, Gauthier, Guyard, Hüe, Jouon, de Trédern, Vert, portant des torches ardentes ornées de dessins d'argent. Auprès d'eux marchait un groupe de seize jeunes chrétiens, MM. Adam, Aussant, Bruté, Caillel du Tertre, Ceillier, Denis, des Granges, Guillemot, Guyot, du Halgouët, des Nétumières, de Palys, Petit (Loïc), Petit (Raymond), Robiou et de la Villebrune. Ces jeunes gens remplaçaient les anciens échevins et portaient tour à tour le Vœu d'argent.

Un autre groupe, formé de vingt-quatre

adolescents, portant le costume des jeunes seigneurs français du temps de Louis XIII, suivait à quelque distance.

Le Vœu reposait sur un trône et un brancard élégamment recouvert d'une housse semée d'hermines, frangée argent et or, et accosté de quatre bannières blanches bordées de bleu, portant les dates des principales interventions de la Sainte Vierge en faveur des Rennais : 1357, siège de Rennes par les Anglais ; — 1624-1632, peste qui fut l'occasion du vœu ; — 1720, incendie ; — 1834, choléra.

Puis venaient environ deux cents prêtres et le Chapitre métropolitain, enfin Mgr de la Hailandière et Mgr Saint-Marc avec son cortège habituel.

Derrière les évêques s'avançaient les Conseils de Fabrique et les congrégations ou associations pieuses, enfin suivait une grande affluence de peuple.

La procession parcourut les grandes rues, descendit au delà des quais, puis remonta vers la place du Palais pour se rendre de là à Saint-Aubin.

Il était six heures et demie du soir quand elle arriva sur la place Saint-Anne, où l'orateur de la journée, le P. Lavigne, jésuite, jeta pour la quatrième fois au peuple immense rassemblé autour de lui les accents de sa parole ardente et émue. Il évoqua le souvenir de saint Vincent Ferrier, qui avait prêché en ce même endroit; il termina en appelant sur Rennes et la Bretagne, sur la France et l'Église, les bénédictions de Marie et les grâces du Rédempteur.

La procession entra à Saint-Aubin au chant du *Magnificat*, répété par la foule. L'église était resplendissante de lumières et de fleurs; on ne voyait partout que festons, guirlandes et décorations de tout genre.

Les fidèles étaient assez nombreux pour remplir dix fois le sanctuaire, où le Vœu fut fixé sur une table de marbre ornée du chiffre de la Mère de Dieu et des armes de Rennes.

Mgr Saint-Marc prit alors la parole et fit une de ces allocutions chaleureuses et émues dont il avait le secret. Ensuite des chants solennels précédèrent la bénédiction du Saint-Sacrement, et une brillante illumination clôtura la soirée ; tous les édifices publics furent également illuminés.

Depuis cette époque, le pèlerinage de Bonne-Nouvelle, si célèbre autrefois, a commencé à reprendre de l'importance ; à toute heure du jour, l'autel miraculeux est fréquenté par de pieuses personnes, venues souvent de fort loin. On y obtient de Marie les faveurs les plus signalées et de nombreux *ex-voto* en font foi. Depuis cette même année de 1861, à Saint-Aubin, le nombre des communions quotidiennes a augmenté de plus d'un tiers : cela résulte du témoignage du regretté M. le curé Jehannin.

Une médaille commémorative du Vœu fut frappée, des gravures et des photographies furent répandues en mémoire de cet évènement.

Vers la fin de la terrible guerre commencée en 1870, et à la date du 27 janvier 1871, Mgr l'Archevêque de Rennes, cédant aux demandes réitérées qui lui étaient adressées de tous côtés par des notables, ecclésiastiques ou laïques, prit la résolution de mettre de nouveau Rennes et le diocèse sous la protection de Notre-Dame de Bonne-Nouvelle.

La cérémonie, fixée au dimanche 5 février 1871, jour de la Purification, eut réel'ement lieu à cette date, avant l'office des vêpres.

La procession, ordonnée comme les précédentes, sortit de Saint-Pierre vers deux heures de l'après-midi. Au centre se trouvait un cierge votif, que l'Archevêque devait offrir à la Vierge comme gage et symbole d'amour et de reconnaissance du pasteur et des fidèles.

Ce cierge était porté par un diacre en dalmatique, escorté d'un groupe de jeunes enfants en aubes avec ceintures bleues ; il était semé d'hermines et orné des armes de la Ville et de celles de l'Archevêque.

Mgr Saint-Marc, prosterné devant l'image miraculeuse et le cierge votif à la main, prononça une formule de consécration renfermant les expressions qui suivent :

« Héritiers de la foi comme du sang de ces anciens Rennais si dévots à votre culte, nous venons aussi nous, ô Divine Reine de Bonne-Nouvelle, invoquer par un vœu votre puissance et votre bonté. Le fléau que nous avons à craindre est celui de l'invasion des ennemis auxquels Dieu a permis dans sa justice que fût livrée notre chère et infortunée patrie... Si vous daignez, ô Notre-Dame de Bonne-Nouvelle, préserver notre diocèse et cette ville de Rennes du fléau de l'invasion prussienne, nous faisons vœu de venir chaque année à perpétuité, le jour où se fête votre glorieuse Nativité, vous offrir, dans une procession solennelle, un cierge du poids de dix kilogrammes, semé d'hermines et portant les armoiries de la Ville et celles de l'Archevêque du temps, lequel cierge devra brûler devant votre image comme l'authentique gage de notre reconnaissance et de notre amour. »

Tous les assistants répondirent : *Amen!* et l'on entonna l'antienne : *Sub tuum præsidium*.

Nous savons tous que les Prussiens s'arrêtèrent à Laval : la Bretagne fut donc épargnée. Il reste constant que Notre-Dame de Bonne-Nouvelle a couvert de sa protection nos régions, et Rennes en particulier, en nous préservant du fléau de cette invasion étrangère, qui entraîne tant de maux à sa suite.

CHAPITRE VIII

Reconstruction du Sanctuaire de Bonne-Nouvelle.

La promesse faite par Mgr Saint-Marc, en 1871, continue d'être tenue par ses successeurs à notre siège métropolitain, et chaque année un nouveau cierge est solennellement apporté, puis déposé à Bonne-Nouvelle, en commémoration du grand acte de piété de 1871.

Tous les faits qui viennent d'être successivement rappelés ne prouvent-ils pas surabondamment l'importance du sanctuaire de Bonne-Nouvelle, sanctuaire vénéré, fertile en miracles et plus anciennement fréquenté par nos aïeux que celui de Sainte-Anne.

Mais depuis trop longtemps déjà l'église de Saint-Aubin, dans laquelle le Vœu renouvelé et l'antique tableau miraculeux se trouvent déposés, menace ruine. Il était urgent, non seulement de la reconstruire, mais de donner à Marie un sanctuaire plus digne de son culte, plus digne du passé et des pèlerinages de nos souverains à Bonne-Nouvelle, plus digne enfin de notre région et de notre ville de Rennes, où les beaux édifices religieux font réellement trop défaut.

Voilà l'origine et la cause de l'œuvre actuelle, qui a motivé la présente étude.

Il était urgent de rappeler son intérêt général et son importance. Depuis longtemps déjà le travail matériel est commencé, mais les difficultés pécuniaires surgissent et viennent l'entraver. Le mal d'argent a toujours été un gros mal, non seulement pour les souverains de toutes les époques, mais encore pour toutes les familles et pour la plupart des entreprises qui nécessitent un concours sérieux et généralisé.

C'est en 1884 que la première pierre du nouvel édifice a été posée.

Le *Courrier de Rennes*, d'abord le 3 mai, indique l'ordre de la cérémonie; puis, le 10 du même mois, dans un article fort bien rédigé, quoique dépourvu de signature, il donne d'intéressants détails sur les solennités religieuses qui eurent lieu à cette occasion. Nous les lui empruntons d'autant plus volontiers qu'elles forment une partie nécessaire et toute actuelle de la présente notice historique :

« La fête du 6 mai 1884, dit l'auteur de l'article, sera une journée mémorable dans l'histoire religieuse de la ville de Rennes. Le même jour a vu consacrer la Métropole, dont la brillante restauration est achevée, et poser la première pierre de la magnifique église de Bonne-Nouvelle, qui renfermera le Vœu de la ville et l'image vénérée de la Très Sainte Vierge. Le même jour aussi a été inauguré le monument de l'éminent cardinal Saint-Marc, premier archevêque de Rennes. Mgr Place a voulu que la mémoire de son vénéré prédécesseur fût honorée le jour même où la grande œuvre qu'il avait entreprise était achevée et consacrée,

C'est de ces trois fêtes réunies en une seule que nous allons entretenir nos lecteurs.

Mardi matin, à sept heures et demie, le vénérable Chapitre s'est rendu processionnellement à l'église Saint-Sauveur. A huit heures, NN. SS. les Archevêques et Évêques sont arrivés à la même église, où ils ont revêtu leurs ornements pontificaux. Puis le cortège s'est remis en marche pour rentrer à la Métropole.

Devant la grande porte de la cathédrale, des fauteuils et des prie-Dieu avaient été préparés pour Leurs Grandeurs. Mgr di Rende occupait celui du milieu, ayant à sa droite NN. SS. Place, Foulon, d'Outremont, Lecoq, Belouino et Trégaro ; à sa gauche, NN. SS. Langénieux, Bécel, Nouvel, Cateau et Bouché.

Son Excellence le Nonce a récité les prières prescrites par le Rituel, puis NN. SS. Trégaro et Bouché ont fait les aspersions extérieures. Les portes de la Métropole se sont ouvertes, et le clergé seul a pénétré à l'intérieur.

L'église était magnifiquement décorée. De

nombreux écussons aux armes des divers diocèses étaient placés sur les colonnes, surmontés d'étendards aux couleurs du Sacré-Cœur et du Saint-Père.

Seuls, les autels étaient complètement dépouillés et la grande nef entièrement vide de chaises. Sur les dalles du saint temple on remarquait deux grandes lignes de cendre formant un X et prenant fin à chaque extrémité de la nef.

L'office de la consécration s'est continué suivant le cérémonial. Nos Seigneurs ont fait le tour de la Métropole par groupes différents et entourés de leurs assistants. Puis deux des prélats ont, avec le pied de leurs crosses, tracé sur l'une des lignes de cendre l'alphabet latin, et sur la seconde l'alphabet grec.

Après la consécration, la procession s'est rendue à l'église Saint-Sauveur pour y prendre les Saintes Reliques, où elles avaient été déposées la veille, et les rapporter à la Métropole.

Alors a commencé la solennité publique. Aussitôt après l'entrée du clergé, plusieurs milliers de fidèles qui attendaient sur la place de la Cathédrale se sont précipités vers les issues. En quelques secondes la vaste nef a été complètement envahie.

Après les dernières prières de la consécration, Son Excellence le Nonce a célébré la Sainte Messe. Mgr di Rende occupait le siège de Mgr Place, du côté de l'évangile; notre vénéré Archevêque était assis sur un autre trône élevé vis-à-vis, du côté de l'épître. NN. SS. les Archevêques et Évêques occupaient des fauteuils de chaque côté du chœur.

Le Saint-Sacrifice terminé, Son Excellence le Nonce a donné la bénédiction apostolique, à laquelle, on le sait, est attachée une indulgence plénière.

La Procession.

Aux premières heures de l'après-midi, le temps paraissant devoir être favorable, nos concitoyens se sont mis en devoir de pavoiser les rues sur le parcours du cortège.

Dès trois heures la vaste place Notre-Dame était envahie par une foule immense attendant la sortie de la procession. A quatre heures moins un quart elle se met en marche dans l'ordre indiqué au programme.

Les élèves de Saint-Vincent et la musique de l'Institution, les Communautés religieuses, le Grand-Séminaire, et un grand nombre de prêtres venus de tous les points du diocèse, la musique instrumentale de la Société des Anciens Élèves des Frères, MM. les doyens, le chanoine grand-chantre et ses assesseurs, le Chapitre, M. l'abbé Vico, l'un des secrétaires du Nonce.

Puis s'avancent, au milieu d'une foule religieusement inclinée, NN. SS. Bouché, évêque de Saint-Brieuc et Tréguier; Trégaro, évêque de Séez; Belouino, évêque d'Héliopolis; Cateau, évêque de Luçon; Lecoq, évêque de Nantes; Nouvel, évêque de Quimper et Léon; d'Outremont, évêque du Mans; Foulon, archevêque de Besançon; Langénieux, archevêque de Reims; Place, archevêque de Rennes, puis le Nonce apostolique, Mgr di Rende.

Mgr Bécel s'était rendu directement à la

Métropole et n'a repris sa place qu'au retour du cortège.

Bénédiction et pose de la première pierre de l'église de Notre-Dame de Bonne-Nouvelle.

Une heureuse coïncidence que la Très Sainte Vierge, avec les délicates attentions d'une Mère, avait su ménager en faveur de sa paroisse privilégiée, a permis de donner un éclat extraordinaire à cette cérémonie.

S. Exc. Mgr di Rende, nonce apostolique à Paris, et les nombreux prélats qui le matin avaient assisté à la consécration de la Métropole, formaient une brillante couronne autour de cette pierre bénite, sur laquelle reposera notre magnifique sanctuaire.

A trois heures, le clergé paroissial sortait de sa vieille église, précédé des bannières de Notre-Dame de Bonne-Nouvelle et du Saint-Rosaire. Deux clercs en dalmatique, enfants de Saint-Aubin, portaient tour à tour le cierge votif que, chaque année, en la fête du

8 septembre, le premier Pasteur du diocèse vient solennellement bénir et déposer aux pieds de la Vierge de Bonne-Nouvelle.

Seize jeunes gens de la paroisse, la plupart catéchistes volontaires ou membres de la Conférence Saint-Vincent-de-Paul, avec des brassards bleus frangés d'argent, avaient l'honneur de soutenir sur leurs épaules le grand Vœu d'argent.

Depuis le 8 septembre 1861, où cet *ex-voto* si populaire et si aimé avait été renouvelé avec tant de pompe et de magnificence, ce monument de la piété rennaise n'avait pas quitté notre sanctuaire, et en le revoyant traverser les rues sur son élégant brancard, les fidèles manifestaient tout haut leur contentement et leur admiration.

C'est la ville en argent, disait-on sur son passage. Et l'on se montrait les tours, les murailles et les portes, les principaux édifices et les clochers qui brillaient au soleil et entouraient de leurs reflets la colonne surmontée de la statue de Notre-Dame, tenant entre ses bras l'Enfant Jésus, qui bénit la ville à ses pieds.

Et en entendant les exclamations de la foule, nous nous rappelions le vieux chroniqueur qui, racontant la grande cérémonie du 8 septembre 1634, où le premier Vœu fut processionnellement porté à Notre-Dame de Bonne-Nouvelle, disait en son naïf langage : « Ce divin objet de dévotion et de saincte curiosité, capable par sa monstre et par sa seule veüe de rendre contents les desseins de tous ceux qui étaient accourus à cette pompe, eût arrêté par les yeux l'âme de toute cette compagnie toute la journée... »

Chargé de ses précieux trésors, le clergé de Saint-Aubin se rendait ainsi au-devant de S. Exc. Mgr le Nonce apostolique et de NN. SS. les Évêques qui tout à l'heure, par leur présence et leurs bénédictions, allaient accorder à sa future église un incomparable honneur.

A trois heures trois quarts, la grande procession partait du palais archiépiscopal pour se rendre à Saint-Aubin et à la Métropole. S. G. Mgr l'Archevêque, avec une délicatesse d'à-propos que tous ont remarquée, avait voulu que la bannière de Notre-Dame de

Bonne-Nouvelle fût portée en tête des congrégations religieuses, du clergé diocésain et des paroisses de la ville, pour ouvrir cette marche triomphale à travers les rues richement pavoisées.

Sur la place Sainte-Anne, à l'entrée du territoire de la paroisse Saint-Aubin, un arc-de-triomphe avait été dressé et une allée de sapins conduisait aux chantiers de la nouvelle église.

Qui avait pu voir huit jours auparavant ces tranchées de quinze à dix-huit pieds de profondeur et les bouleversements de terrain qui couvraient ce large périmètre, ne pouvait comprendre cette transformation subite en une place dressée et aplanie.

Le portail du chantier était décoré de deux écussons aux armes de la cité, et au milieu flottait une bannière blanche et bleue avec cette inscription en lettres d'or : « La ville de Rennes, reconnaissante envers la Mère de Dieu, se voue tout entière à elle et implore sa protection. »

Des mâts vénitiens, ornés de banderolles aux couleurs de la Vierge et du Pape, dessinaient tous les contours du monument avec sa grande nef, ses bas-côtés, le transept, la chapelle absidale, les sacristies, et en faisaient apparaître les vastes proportions.

Au chevet de l'église, une estrade avait été élevée pour NN. SS. les prélats et décorée des armes de Léon XIII, de S. Exc. le Nonce, de S. G. l'Archevêque de Rennes et de tous les évêques présents.

Des guirlandes légères reliaient les mâts et formaient comme des chapelets de roses au-dessus de ce lieu où plus tard le saint Rosaire sera si souvent déroulé.

En face de l'estrade d'honneur était la première pierre : deux croix y avaient été taillées dans le granit, et au milieu un écusson portait la date ineffaçable du 6 mai 1884.

Lorsque les évêques eurent pris place sur l'estrade, Mgr l'Archevêque de Rennes, dans un langage chaleureux et vibrant que nous n'aurons pas la témérité d'essayer de reproduire, s'adressant au Nonce, lui rappela qu'en 1466 Étienne Nardino, archevêque de Milan et légat du Pape Paul II auprès du duc de Bretagne, avait le premier, au nom du Souverain-Pontife, enrichi d'indulgences le sanctuaire de Notre-Dame des Bonnes-Nouvelles, *Beatæ Mariæ Virginis, de bonis novellis,* et qu'il se félicitait de voir, à quatre siècles de distance, le représentant de Sa Sainteté Léon XIII bénir et poser la première pierre d'une basilique où doit se perpétuer une dévotion dont Étienne Nardino avait été le témoin et qui depuis ne s'est jamais démentie.

Il remercia les évêques qui avaient daigné s'associer à cette grande cérémonie, en ajoutant que les paroissiens de Saint-Aubin et la ville de Rennes tout entière étaient bien dignes de cet honneur...; la construction d'une église, de nos jours surtout, est déjà un grand acte de foi, à plus forte raison quand il s'agit d'un édifice comme celui dont les décorations présentes retraçaient les lignes principales et faisaient entrevoir le vaste vaisseau : œuvre gigantesque que M. le curé de Saint-Aubin n'a pas craint d'accepter de son vénérable prédécesseur et qu'il mènera certainement à bonne fin avec le concours généreux et dévoué de ses pieux paroissiens et de tous les fidèles rennais.

Après avoir payé un juste tribut d'hommages à M. Martenot, l'habile architecte du monument qui sera sa gloire et illustrera son nom, à MM. Poivrel frères, dont l'activité et l'intelligence pratique exécutent si heureusement les conceptions de l'artiste distingué, et loué les ouvriers qui, la semaine dernière surtout, s'étaient livrés à *un travail surhumain* pour achever les fondations, véritables abîmes, et préparer cette belle cérémonie, Sa Grandeur a recommandé à la Très Sainte Vierge ces modestes travailleurs pour qu'elle les préserve de tout péril et de tout accident, tout le temps que durera cette immense construction.

Monseigneur a terminé son éloquente allocution en invitant Son Excellence à bénir la première pierre de ce sanctuaire, qui bientôt élèvera ses hautes murailles et sera sans doute la plus belle église paroissiale du diocèse.

Mgr di Rende procède aussitôt à la cérémonie, et la place présentait vraiment alors un magnifique spectacle.

Les gros nuages chargés de pluie qui depuis deux jours assombrissaient le ciel et qui, jusqu'à deux heures encore, semblaient vouloir contrarier la joyeuse expansion de notre foi, s'étaient dissipés sur un signe de Celle qui était *la cause de notre joie,* et que chaque soir, au chapelet, nous avions mise en demeure de favoriser notre manifestation filiale. Le soleil dardait ses rayons sur toutes ces oriflammes, sur les chapes, les mitres et les crosses d'or; les couleurs de Notre-Dame de Bonne-Nouvelle flottaient à la croix de notre vieux clocher; une foule immense couvrait la place, se massait aux fenêtres et jusque sur les toits; trois cents prêtres au moins se pressaient autour des Princes de l'Église.

Les souvenirs du passé se croisaient dans notre esprit avec les impressions de l'heure présente et les espérances de l'avenir; et en promenant nos regards sur tout ce quartier de la cité, miraculeusement protégé contre l'incendie de 1720 par la Vierge de Bonne-Nouvelle, sur l'ancien cloître des Jacobins qui, pendant près de cinq siècles, avait abrité la *saincte image*, sur notre pauvre église qui l'abrite aujourd'hui, nous voyions déjà les piliers et les arceaux sortir de terre, cette voûte de 87 pieds d'élévation, ces trois nefs de 25 mètres de largeur, les deux tours dressant leurs flèches de granit et portant bien haut avec le signe de la croix l'hommage de nos généreux sacrifices...

Aussi quand Mgr le Nonce entonna le *Veni Creator* pour faire descendre dans le cœur de tous les fidèles l'esprit de charité et d'amour, suppliions-nous avec instance ce divin Esprit d'activer en toutes les âmes les feux brûlants du zèle que rien ne déconcerte, qui ne se lasse jamais et sait réaliser des merveilles.

Après les prières, les bénédictions et les aspersions prescrites par la sainte liturgie, il fut déposé, dans une excavation pratiquée dans la pierre, un coffret de plomb renfermant, avec une plaque de cuivre commémorative, le procès-verbal de la cérémonie écrit sur parchemin.

Voici le texte exact de ces pièces authentiques, qui désormais appartiennent à l'histoire.

Le procès-verbal est ainsi conçu :

Anno domini M D CCC L XXXIV
die VI mensis maï,
Leone P. P. XIII feliciter regnante
D. D. Carolo Philippo Place, archiepiscopo
Redonensi,
Ego Camillus Siciliano di Rende,
archiepiscopus
Beneventanus et in gallia nuntius apostolicus
Benedixi et imposui primarium hinc lapidem
Ecclesiæ
In honorem Sancti Albini, Episcopi
et Confessoris,
Et B. M. V. de bono nuntio ædificandæ.

TRADUCTION :

L'an du Seigneur 1884, le sixième jour du mois de mai, le Pape Léon XIII heureusement régnant, Mgr Charles-Philippe Place, archevêque de Rennes,

Moi, Camille-Siciliano di Rende, archevêque de Bénévent et Nonce apostolique en France,

J'ai béni et posé la première pierre de l'église qui doit être élevée en l'honneur de saint Aubin, évêque et confesseur, et de Notre-Dame de Bonne-Nouvelle.

La plaque de cuivre jointe au parchemin porte en gravure le texte déjà parvenu à la connaissance du public et que nous reproduisons :

Le 6 mai 1884,

LÉON XIII, PAPE

Mgr Place, archevêque de Rennes ;
M. Le Bastard, maire ;
M. Durant, curé de Saint-Aubin en Notre-Dame de Bonne-Nouvelle ; MM. de la Villeaucomte, Barbier, Plénel et Davoine, vicaires ;
MM. Philouze, Briand, Villalard, Denis, de Lesquen, Folie, Guépin, Petit, fabriciens ;

S. Exc. Mgr DI RENDE, archevêque de Bénévent, nonce à Paris, a béni et posé la première pierre de cette église en présence de NN. SS. les archevêques de Reims et de Besançon, les évêques de Vannes, Quimper, Saint-Brieuc, Nantes, Le Mans, Luçon, Laval, Séez, Hiéropolis et Rœfanée ;

M. MARTENOT, architecte ;

MM. POIVREL frères, entrepreneurs.

Chabbert-Pujol, graveur.

Selon l'usage, des pièces françaises ont été déposées dans la boîte de plomb avec quelques monnaies frappées à l'effigie de Pie IX, le grand Pape de l'Immaculée-Conception, qui a daigné accorder à Notre-Dame de Bonne-Nouvelle les honneurs du couronnement par un bref en date du 21 avril 1874. On ne pouvait oublier les médailles de Notre-Dame de Bonne-Nouvelle, de sainte Anne, l'illustre patronne de la Bretagne, dont l'antique et sainte confrérie a dans notre paroisse et pour toute la ville de Rennes son siège unique et vénéré, en l'honneur de laquelle une messe est dite le mardi de chaque semaine, et qui donne son nom à la place même sur laquelle s'élève la nouvelle église, et, enfin, des médailles de saint Benoît, précieux talisman dont la vertu est si connue contre toutes les embûches de l'esprit malin.

Puis Son Exc. le Nonce apostolique et Mgr l'Archevêque de Rennes ont pris la truelle d'argent et enduit de ciment la pierre bénite. Les ouvriers l'ont recouverte d'une autre pierre, et Mgr di Rende, NN. SS. les archevêques de Rennes et de Reims, les évêques du Mans, de Quimper, de Luçon, d'Hiéropolis, de Séez et de Saint-Brieuc, M. le curé de Saint-Aubin, le clergé et les fabriciens de la paroisse sont venus tour à tour frapper sur cette pierre, qui doit sceller le gage de nos plus chères espérances.

Cependant l'Institution Saint-Martin, qui avait si gracieusement offert son concours à cette fête paroissiale, faisait retentir la vaste place de l'*Hymne au Pape*, de Gounod, comme pour remercier son auguste représentant. Plus de cent trente exécutants, sous l'habile direction de M. Imbert, le savant maître de chapelle, enlevaient avec une admirable précision cette magnifique cantate qui a produit un très brillant effet.

La Cérémonie du soir. — Inauguration du Monument du Cardinal.

La cérémonie de la pose de la première pierre étant terminée, le cortège s'est remis en marche et est arrivé devant la cathédrale vers cinq heures.

Les élèves de Saint-Vincent se sont massés dans la chapelle de droite, où se trouvaient déjà les membres de la Société des Anciens élèves. Dans celle de gauche prenaient place les Ordres religieux. Le clergé des paroisses, les prêtres du diocèse, les abbés du Séminaire restent groupés dans le haut de la nef.

Immédiatement la couronne d'or et d'argent qui avait été offerte par les Anciens élèves de Saint-Vincent lors des funérailles du Cardinal est portée par huit élèves auprès du monument; les évêques se rangent en cercle tout autour; aussitôt le voile est enlevé et la statue du vénéré Cardinal apparaît aux regards.

Le Cardinal est représenté à genoux, les mains jointes. Les traits fins, la figure expressive du vénéré prélat sont parfaitement rendus par le marbre, qui ressort vivement sur le fonds mat de la muraille. La *cappa magna* est jetée sur les épaules du Cardinal et retombe derrière lui en longues draperies; la pose est heureuse et l'ensemble de la statue fait honneur au ciseau de notre compatriote, M. Valentin.

La statue repose sur un piédestal en pierre blanche, peut-être un peu trop massif, qui est porté lui-même sur un soubassement de granit. Sur une plaque de marbre noir est gravée l'inscription suivante :

$$A \genfrac{}{}{1pt}{}{P}{X} \Omega$$

Memoriæ
E. E. in X° Patris d. d. Godefridi Brossay
Saint-Marc,
S. R. E. Presbyteri cardinalis tituli

ex Mariæ et Victoria.
Primi Redonum archiepiscopi
hoc monumentum Clerus populusque
mærentes
et grati posuere.

On chante alors les psaumes des vêpres de la Dédicace, l'antienne *Sacerdos et Pontifex;* les évêques s'agenouillent quelques minutes devant le monument.

Puis Mgr Bécel, évêque de Vannes, monte en chaire. Il lit le panégyrique du cardinal Saint-Marc. Nous regrettons vivement que le défaut de place ne nous permette pas de reproduire ce beau discours.

L'orateur suit pas à pas la vie de Mgr Saint-Marc; il en retrace un récit fidèle, plein d'appréciations justes, d'heureuses pensées, écrit dans un grand style, où il sait entremêler habilement les anecdotes heureuses et les graves enseignements. La voix sonore et forte se fait aisément entendre et domine le bruit inévitable produit par la foule immense qui était entrée dans l'église à la suite de la procession.

Le discours dure environ une heure vingt minutes. A la fin, les neuf évêques rangés le long de la balustrade du chœur donnent ensemble la bénédiction à l'assistance. Cette imposante cérémonie produit une grande impression.

Aussitôt après, la maîtrise de la Métropole entonne les chants du salut avec une précision et une maestria qui frappent tous les connaisseurs. Ces chants s'élèvent vers le ciel. On remarque beaucoup l'*O Salutaris*, de Thoinot-d'Arbeau, l'*Ave Maria*, de Boissière, le *Tantum Ergo*, de Lenoir, et le *Laudate*, de Gounod.

Mgr le Nonce apostolique donne lui-même le salut. A la bénédiction, l'immense foule s'incline respectueusement.

Le spectacle, à ce moment, était vraiment grandiose. Les derniers rayons du soleil couchant venaient frapper les dorures du chœur et en faisaient ressortir l'éclat. La richesse de cette restauration, aujourd'hui complètement terminée, apparaissait dans toute sa splendeur et frappait tous les yeux.

Le Retour de la Procession.

A sept heures un quart, la procession est sortie de nouveau de la Métropole pour se rendre à l'Archevêché. Les rues de la Monnaie, Toulouse, Lafayette, Nationale, place du Palais, rue Louis-Philippe, contour de la Motte et rue de Fougères, étaient remplies par une foule énorme. Mais l'affluence était encore plus considérable sur la place Notre-Dame. Lorsque le cortège est arrivé sur ce dernier point, les dix prélats ont pris place au haut du perron, et tous ensemble ont donné leur bénédiction aux vingt mille fidèles agenouillés à leurs pieds.

Ce spectacle, à la fois grandiose et imposant, a dignement terminé cette belle journée. Il était à ce moment huit heures. La foule s'est retirée dans l'ordre le plus parfait.

Pendant l'après-midi, la musique de Saint-Vincent et la musique de la Société des Anciens élèves des Frères se sont fait entendre sur le parcours de la procession. Nous avons pu apprécier les progrès toujours croissants de ces deux Sociétés, si habilement dirigées par M. Guimbard, et nous adressons nos félicitations aux jeunes exécutants ainsi qu'à leur digne chef.

Les Illuminations.

Le soir de cette fête mémorable réclamait son prolongement traditionnel. Successivement les maisons s'illuminaient, et un beau ciel étoilé semblait prendre part à nos filiales et chrétiennes réjouissances.

Le chantier resplendissait de mille feux; des cordons de lumière couraient de mâts en mâts en dessinant de nouveau les grandes lignes du sanctuaire, et la croix plantée sur l'emplacement de l'autel principal était brillante et radieuse.

La foule circulait avec le calme le plus parfait, accueillant avec générosité nos jeunes quêteurs, qui passaient de rangs en rangs, à l'exemple des charitables dames de la paroisse qui, toute la journée, sur le chantier et dans l'église, n'avaient cessé de tendre la **main pour la construction nouvelle. Que les** prêtres dévoués qui, sur la place et dans les rues voisines, ont bien voulu, durant la station de la procession, remplir aussi ce laborieux office, nous permettent de leur adresser, au nom de la Très Sainte Vierge, du clergé et des paroissiens de Saint-Aubin, les plus sincères remerciements.

La musique de Saint-Martin avait eu l'excellente idée de revenir faire entendre ses plus beaux morceaux, et des applaudissements répétés lui témoignaient assez haut le plaisir qu'elle procurait à tous en venant si généreusement rehausser l'éclat de cette splendide soirée.

Chacun se sentait vraiment là en famille et communiquait ses impressions avec cet accent que les fêtes religieuses seules savent mettre sur les lèvres. Tous étaient heureux et fiers; tous appelaient de leurs vœux le jour béni où ils pourraient entrer dans cette majestueuse basilique pour y prier **la Vierge de Bonne-Nouvelle**.

Pieux paroissiens de Saint-Aubin, catholiques et fidèles enfants de notre chère cité, ce jour viendra, et il viendra bientôt! Le passé nous l'avait toujours fait espérer, la grande fête du 6 mai 1884 nous en donne de plus en plus la ferme et invincible confiance. Oui! grâce à votre admirable charité, aux riches largesses des favorisés de la fortune comme à la modeste obole des pauvres, Notre-Dame de Bonne-Nouvelle verra du haut des cieux son temple rapidement grandir. Hâtez-vous, donnez, donnez encore, et les fêtes de la consécration viendront bientôt récompenser vos généreux efforts...

Aussi bien, n'est-ce pas répondre à la parole de notre vénérable Archevêque qui publiquement, mardi, nous a laissé pressentir que S. Exc. le Nonce apostolique ne se contenterait pas d'avoir posé les fondements de notre future basilique, mais serait heureux aussi de revenir au milieu de nous pour en célébrer la solennelle dédicace.

Il ne dépend que de vous et de votre inaltérable dévouement à Marie de voir dans quelques années ce vœu réalisé. »

CONCLUSION

Comment donner une conclusion au présent travail sans s'exposer à des redites ?

Nous avons signalé l'importance exceptionnelle du sanctuaire de Bonne-Nouvelle pendant la longue période qui s'écoule entre le XIVe et le XIXe siècle.

Nous n'avons pas la prétention d'énumérer toutes les faveurs obtenues de Dieu par l'intercession de Marie dans ce lieu béni. Il faudrait, pour atteindre plus complètement à un tel résultat, connaître les détails impénétrables du passé et prolonger outre mesure des recherches déjà longues.

M. de la Borderie, dans sa conférence de Bonne-Nouvelle, cite deux faits qui s'ajoutent à ceux que nous avons rapportés.

Le 28 juillet 1488, l'armée bretonne ayant été battue à Saint-Aubin du Cormier par les Français que commandait La Trémoille, ce célèbre guerrier voulut profiter de la panique causée à Rennes par cette défaite et somma la ville de se rendre. Quelques Rennais eurent l'idée d'aller prier au sanctuaire de Bonne-Nouvelle. En quittant l'église de Marie, ils se sentirent pleins de force et inspirèrent aux autres habitants le courage qui les animait; alors on donna aux envoyés de La Trémoille cette fière réponse :

« Seigneurs hérauts, nous vous faisons savoir que dans cette bonne ville de Rennes il y a quarante mille habitants, dont vingt mille sont de telle résistance que si votre maître et son armée nous viennent assiéger (moyennant la grâce de Dieu en qui gît toute notre confiance), autant gagneront-ils comme ils ont gagné à Nantes; nous ne craignons le roi ni toute son armée! Et maintenant, allez porter au seigneur de la Trémoille cette joyeuse réponse, car de nous n'aurez autre chose pour le présent. »

La Trémoille se le tint pour dit et s'en alla sans oser venir assiéger Rennes.

Le second fait se rapporte à notre bonne duchesse.

Anne ne voulait pas entendre parler d'épouser Charles VIII, roi de France, et bien qu'elle n'eût que quatorze ans, elle était d'un caractère fort décidé.

Charles VIII étant venu vers Rennes, fit un pèlerinage à Bonne-Nouvelle ; admis ensuite auprès de la duchesse, il trouva son âme changée et se vit bientôt accepté comme époux.

On peut donc, dit notre historien breton, attribuer à la Vierge de Bonne-Nouvelle cet évènement si grand, si considérable, l'union de la France et de la Bretagne, union si glorieuse et si profitable pour les deux pays.

Tous ces faits démontrent surabondamment la grande renommée qui appartint dans les siècles passés à notre sanctuaire de Bonne-Nouvelle.

Mais les œuvres importantes demandent plus d'un jour et veulent, pour être menées à bien, le concours de toutes les bonnes volontés.

Nous avons vu qu'en l'année 1632, lorsqu'il s'agit d'établir le Vœu d'argent, le pauvre comme le riche voulut participer à cette œuvre de salut général. Chacun apporta son offrande, et malgré l'appauvrissement de la ville, décimée par la maladie, la somme offerte dépassa de beaucoup le chiffre nécessaire.

De même aujourd'hui, tous les catholiques sont invités à s'unir pour assurer l'achèvement du nouvel édifice élevé à la gloire de Marie.

Les uns se porteront garants et souscriront pour mille francs et même davantage; les autres, moins fortunés, voudront cependant donner un gage de leur foi et s'imposer quelques sacrifices. C'est pour ceux-ci que se trouve établie l'œuvre du sou de Notre-Dame de Bonne-Nouvelle.

Cinq centimes par semaine, beaucoup peuvent faire cette aumône.

Un chef de centaine est chargé de trouver dix chefs de dizaine, qui à leur tour recherchent dix souscripteurs.

Cinq centimes par semaine, cela paraît bien peu de chose; cependant, si des milliers de chrétiens s'imposent avec persistance ce léger sacrifice, leur union deviendra d'une grande force.

Le manque de ressources a déjà causé une interruption regrettable, non seulement parce qu'elle retarde l'achèvement de cette belle église, mais parce qu'elle occasionne des frais inutiles et peut, en se prolongeant, préjudicier à la bonne exécution des plans du monument.

Actuellement on entend de nouveau retentir sur le chantier de Bonne-Nouvelle le marteau des tailleurs de pierres. Quelques travaux viennent d'être exécutés en 1895 et 1896; M. Poivrel nous en donne l'indication :

Pose des triforiums sous les grandes rosaces et taille. . . . .   1.200 f. » »

A reporter. . . . .   1.200 f.

Report.....	1.200 f.	» »
Construction et mise en place des deux grandes rosaces du transept, en tercé jaune, à 7,500 fr. l'une, soit..........	15.000	» »
Voûtes et maçonnerie au-dessus des grandes rosaces, jusque sous la corniche............	10.200	» »
Ciment pour ces travaux...	600	» »
Sculpture............	640	» »
Réfection d'échafaudages...	2.555	79
	30.195 f.	79

Il importe maintenant d'assurer la permanence des souscriptions, pour que les travaux puissent être continués désormais sans nouvel arrêt, au moins jusqu'à l'achèvement de la première partie, qui pourra être livrée au culte.

Je sais que les splendides cathédrales élevées au moyen-âge, et qui font notre admiration, ont été l'œuvre de plusieurs générations; mais si nous ne pouvons pas tout achever présentement, efforçons-nous du moins de terminer la partie commencée. N'oublions pas qu'il s'agit ici, non seulement de donner à l'une des plus anciennes paroisses de notre ville l'église dont elle a un besoin urgent, mais encore de rétablir un sanctuaire national qui a été pendant cinq siècles l'objet de la vénération des fidèles de toute notre région.

N'oublions pas qu'il s'agit d'élever à la Mère du Dieu rédempteur un temple digne de sa gloire.

Nous savons que l'un de nos anciens rois a solennellement placé sous la protection de Marie tout le royaume de France.

Nous savons que notre premier cardinal, en 1871, a mis de nouveau Rennes et tout son diocèse sous la protection de Notre-Dame de Bonne-Nouvelle.

A l'œuvre donc, riches et pauvres, courage et persévérance, et nous verrons bientôt rétablir la dévote et miraculeuse maison où la Mère de Dieu était réclamée de toute la Bretagne; où notre dernière souveraine, la bonne duchesse, venait prier si pieusement.

Marie nous saura gré de nos efforts, elle

tiendra compte de nos sacrifices; nos demandes par elle seront exaucées, notre part aux faveurs divines deviendra plus large, et vous savez tous que Dieu rend au centuple ce qui lui est généreusement donné.

LISTE DES GARANTS

Qui ont versé la somme de 1,000 fr.

M. le colonel ANDROUIN.
Mlle Julie AUBRÉE.
Mlle Marie AUSSANT.
ANONYMES (trois).
Mmes A. et P.
Mme Louis DE LA BLANCHARDIÈRE.
M. et Mme Lucien DE LA BLANCHARDIÈRE.
Mme DE BOISHUE.
Mlle Sainte DU BOISDULIER.
Mlle H. DU BOISROUVRAY.
Mlle M. DU BOISROUVRAY.
Mmes BRAJEUL et LEGUERREAU.
Mme DU BREIL.
Mme et Mlle BAZIN.
Mlle BEILLARD.

M. et Mme de Bellevue.

M. et Mme de Bénazé.

Mme Blanc-Bonnet.

M. de Boisrenard.

Mme Briand.

M. le chanoine Bourdon.

Mme Beaudouin.

Mlle Clément.

Mme Coblence.

Mlle Cohan.

M. et Mme P. Coirre.

M. le colonel et Mme de Coniac.

M. et Mme Champion.

Congrégation des Servantes Chrétiennes.

M. l'abbé Durant, curé de Saint-Aubin en N.-D. de Bonne-Nouvelle.

Mlle Delaporte.

Mme Duseigneur.

Mme Danion.

Mlle Dreuslin.

Mme Drouin.

M. et Mme du Dezerseul.

M. et Mme Dubois de la Cotardière.

M. et Mme Duval.

M. le chanoine de Durfort.

M. et Mme Doret.

Deux Paroissiennes.

M. DE LA Fosse, vicaire général.

Mme DE Farcy.

Mlle Françoise (tertiaire Dominicaine).

M. et Mlle Fougeray.

Mlle Fréron.

Mlles Gardahaut.

Mme Gilles.

M., Mme et Mlle Gosselin.

M. le chanoine Guérard.

Mme A. Guyot.

Mlle DE Guer.

M. et Mme Guicheteau et leurs enfants.

Mgr Guillois, évêque du Puy.

M. et Mme Grolleau-Villegueury.

M. le colonel Goguet.

Mme Gourdin.

Mlle Hardouin.

M. et Mme DU Halgouet.

Mlle Hervé.

Mlle Hubert.

M. l'abbé Hesnard, son frère et sa belle-sœur.

M. J.-M. Huchet et sa famille.

Mme Jan.

M. et Mme de Kerautem.

Comtesse de Kerméno de Gouzillon, née de Plouays de Chantelou.

M. et Mme Leker.

M. l'abbé Leker.

M. et Mme Le Dauphin.

M. et Mme Lemarié.

M. et Mme Charles Leray et ses enfants.

Mlle Letarouilly.

Mme Lefeuvre.

M. Levillain, vicaire général honoraire.

Mgr Labouré, archevêque de Rennes.

Mlle Legault.

Mme la marquise de Langle et ses enfants.

Mme Lucas.

Mlle Lecompte.

M. Amand de Léon des Ormeaux.

M. Louazon.

M. et Mme Macaud.

Mme veuve Maruelle.

Mme Martigné.

M. Morel.

Mme Morel.

Mlle M.-J. Morel.

Mlle J. Morel.

Mme veuve Morel.

Mlle Dupré.

Mlle Adèle Le Beschu de Champsavin.

M. Cyrille Louïse.

Mme la marquise des Nétumières.

Mme N.-R. M. et Mlle V., paroissienne.

M. Oberthur et sa famille.

Mme veuve Pacilly.

Mme veuve Picard.

Mme Pilet.

M. l'abbé Plénel, aumônier du Thabor.

M. et Mme Eugène Pinault.

Mlle Piré.

M. Perdrigeon du Vernier.

M. le comte de Pracontal.

Mme et Mlle Potier de la Ferrière.

Mme Poussin.

M. et Mlle Rapatel.

Mlle Emilie Richelot.

Mlle Nathalie Richelot.

M. et Mme Rivot du Courtil.

M. Augustin Rouxel.

Mlles Rouxel.

Mme Roussin-Élias.

M. et Mme Renaud-Laubens.

Mme veuve Rolland.
Religieuses de Rillé.
Religieuses de Saint-Yves.
M. et Mme Resleux.
Mme Roger et Anonyme.
M. Salmon de Laubourgère.
Mme Savidan.
Au nom de Saint-Joseph.
Les RR. PP. de Saint-Martin.
M. Texier.
Mlle Terrien.
Mme veuve Texier.
M. Louis de Tréyerret.
Mlle Trillard.
Mme Tostivint.
M. et Mme Louis de Torquat.
M. Trochet.
Mme Trochet.
Mlle Udelez.
M. et Mme H. Vatar.
Mlle Vincent.
M. l'abbé de la Villeaucomte, vicaire-administrateur de Saint-Aubin.
M. et Mme Verdier.
M. X. par Mme M.

LISTE DES GARANTS

Qui complètent chaque année leur Souscription.

Anonymes par M. Gicquel (onze).
M. le baron et Mme la baronne d'Antin.
Mlle Sophie Aubrée.
M. et Mme d'Augustin de Bourguisson.
Mlle Mathilde Aussant.
M. Barbedor.
Mme Barreau.
M. l'abbé Beauvais.
Mme et Mlle Bazin.
Anonymes.
M. Bertin.
M. Paul de la Bigne Villeneuve.
Mme A. de la Bigne Villeneuve.

Mlles P. et M. de la Bigne Villeneuve.
M. et Mme Luc de la Blanchardière.
M. et Mme de la Borderie.
Mme Binard.
M. et Mme de Bourgerel.
Mme Edmond Bodin.
M. et Mme Bodin.
M. Bouétel.
M. et Mme Briand.
Mmes Brisse et Grandpierre.
M. et Mme Cadet.
Mlles Canto.
M. et Mme Coignerai.
M. de Carcaradec.
M. et Mme Courteille.
Mlle Chatel.
M. et Mme Édouard Coirre.
Mlle Couart (M.-J. et H.)
M. Cucheval-Clarigny.
Mlle Dahirel.
Mme et Mlle Darthenay.
M. et Mme Debroise.
MM. Debroise.
M. et Mme Samuel Denis.
M. Des Bouillons.

Mme Donadieu.

Mlle Laurence Doucet.

Mme A. Dufresne,

Mme Félix Durant.

Mme Durocher, M. l'abbé Durocher.

M. et Mme Folie.

M. Edouard de Farcy.

Mme de Farcy, son fils et sa bru.

M. de France.

Mlle Louise de Freslon.

M. Alexandre de Freslon.

M. le chanoine de la Ferrière.

Mme Garnier.

M. l'abbé Garnier, aumônier.

Mme Gaucher.

M. Gicquel.

Mme Gicquel.

M. Georges Gicquel.

Mlle Marie Gicquel.

Mlle Jeanne Gicquel.

M. l'abbé Gicquel.

Mlle Madeleine Gicquel.

M. Jean Gicquel.

Mlle Anna Gicquel.

M. et Mme Grivart.

M. et Mme Giles et Mlle Baugeard.

Mme et Mlle Golivet.

Mgr Gonindard, archevêque de Rennes.

M. et Mme de Gourden.

Mlles Guillemot.

Mlle de la Grimaudière.

Mlles Hamelin.

M. et Mme Hamon.

M. Hervault.

M. et Mme Hervoches du Quilliou.

Mme Jouin.

Mme veuve Joubrel.

M. et Mme Joyau.

Mlle Marie Jouon des Longrais.

Mme L., paroissienne.

Mme Laumailler.

Mme veuve Le Bastard.

Mme Le Bastard de Mesmeur.

M. et Mme Lecompte.

M. le docteur et Mme Lecomte.

Mme Lecomte.

Mme Leduc.

Mme Lempereur.

Mme P. de Léon.

Mme A. de Léon.

MM. Léo et Véron.
Mme veuve Leray.
M. Pierre Lesbaupin.
Mme Lesbaupin.
M. J.-B. Lesbaupin.
Mme Lesbaupin.
Mlle Lesbaupin.
Mme Lesbaupin, religieuse à Saint-Cyr.
Mlle Anna Lesbaupin.
Mlle Louise Lesbaupin.
Mlle Leroux.
MM. les abbés Livache, Jacob, Rivière.
M. et Mme Lodin de Lépinay.
M. Louïse.
M. Marçais.
M. Martenot.
Mme Martenot.
Mme Mahault.
M. et Mme J.-M. Miniac.
M. et Mme Éd. Miniac.
Mme Mouillard.
M. et Mme Noel.
M. l'abbé Nouvel, recteur.
M. Charles Oberthur.

Mlle Peltan.
Le R. P. Petit, Eudiste.
M. Perré.
M. et Mme Léon Philouze.
M. et Mme Paul Philouze.
M. et Mme Léon Philouze fils.
M. et Mme Pilven.
MM. Plihon et Hervé.
Mlle de Plouays de Chantelou.
Mme Pocquet du Haut-Jussé.
MM., Mmes et Mlle Pocquet du Haut-Jussé.
M. J.-B. Potier de la Ferrière.
Mme Potier de la Ferrière.
M. le comte de Palys.
Mme Prost.
M. l'abbé Plaine.
Religieuses de la Providence.
Religieuses de l'Adoration.
Mme Joseph Ramé.
Mlle Geneviève Ramé.
Mlle Mary Ramé.
Mlle Julie Ramet.
M. et Mme de Rengervé.
Mme Revault-Crépin.

Mme Amédée Richelot.
M. et Mmes Robiou du Pont.
Mme Salmon de Laubourgère.
M. et Mme Savary.
M. le comte et Mme la comtesse de Saint-Germain.
M. de Saint-Germain, lieutenant-colonel d'artillerie, et Mme de Saint-Germain, née de Plouays de Chantelou.
M. de Saint-Meleuc.
Mlle de Saint-Méloir.
Les Elèves de l'Institution Saint-Martin.
M. Raoul de Saint-Meleuc.
Mme et Mlles Saiget.
M. et Mme Tiercelin.
M. et Mme Thomas.
M. de Trégain.
Mlle Tigeot.
M. le chanoine Tupin.
Mlle Vallée.
M. et Mme Véron.
Mlle Véron.
MM. Verseur, Navatte, Chauvin et Guilloux.

M. et Mme Vettier.
M. de la Vigne.
M. le chanoine de la Villerabel.
M. Florent de la Villerabel.
Mme Yzopt.

AVIS

M. l'abbé de la Villeaucomte est en instance devant la Cour de Rome pour obtenir, en faveur des souscripteurs et bienfaiteurs de l'église de Notre-Dame de Bonne-Nouvelle, des indulgences nouvelles dont la presse religieuse donnera, en son temps, le catalogue.

ERRATA.

Page 51, *au lieu de* : Messire Pinsard, *lire* : Missire Pinsard.
Page 72, *au lieu de* : 1468, *lire* : 1368.

TABLE DES MATIÈRES

	Pages.
SAINT AUBIN, conférence faite par M. Arthur de la Borderie, au profit de l'Œuvre de N.-D. de Bonne-Nouvelle.. . . . .,	1
N.-D. DE BONNE-NOUVELLE..	37
INTRODUCTION.	43
CHAPITRE Ier. — Fondation du couvent de Bonne-Nouvelle.	51
CHAP. II. — Peste de Rennes. — Occasion et promesse du Vœu.	60
CHAP. III. — De la rendition du Vœu. . . .	72
CHAP. IV. — Le Vœu de Bonne-Nouvelle depuis 1634 jusqu'à sa destruction en 1794,.	101
CHAP. V. — Miracles, indulgences, prières. .	111
CHAP. VI. — Principales fondations faites au sanctuaire de Bonne-Nouvelle avant 1789.	149

	Pages.
Chap. VII. — Rétablissement du Vœu....	190
Chap. VIII — Reconstruction du sanctuaire de Bonne-Nouvelle............	201
Conclusion................	229
LISTE DES GARANTS...........	237

Rennes. — Imp. Marie Simon

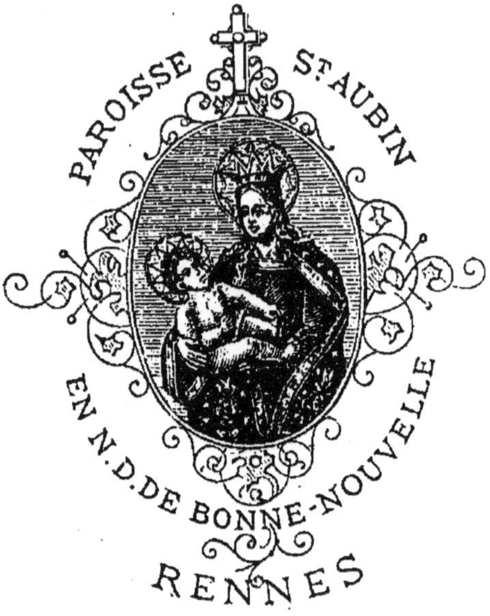
PAROISSE St AUBIN
EN N.D. DE BONNE-NOUVELLE
RENNES

BIBLIOTHEQUE NATIONALE DE FRANCE
3 7531 02917683 2

www.ingramcontent.com/pod-product-compliance
Lightning Source LLC
Chambersburg PA
CBHW050653170426
43200CB00008B/1270